可复制的
领导学 系

不一样的领导子

可复制的
高情商领导力

高远 / 主编

三辰影库音像电子出版社
SUNCHIME
北 京

图书在版编目（CIP）数据

可复制的高情商领导力 / 高远主编 . — 北京：三
辰影库音像电子出版社，2021.10
　　（不一样的领导学）
　　ISBN 978-7-83000-513-9

　　Ⅰ.①可… Ⅱ.①高… Ⅲ.①领导学 Ⅳ.① C933

中国版本图书馆 CIP 数据核字 (2021) 第 062945 号

可复制的高情商领导力

责任编辑：王　伟
责任校对：韩丽红
排版制作：文贤阁
出版发行：三辰影库音像电子出版社
社址邮编：北京市朝阳区东四环中路 78 号 11A03，100124
联系电话：（010）59624758
印　　刷：阳信龙跃印务有限公司
开　　本：880mm×1230mm　1/32
字　　数：454 千字
印　　张：25
版　　次：2021 年 10 月第 1 版
印　　次：2021 年 10 月第 1 次印刷
定　　价：150.00 元（全 5 册）
书　　号：ISBN 978-7-83000-513-9

现代管理学之父彼得·德鲁克认为："确实有一些人天生就具备领导人的特质，但这样的情况只是少数，领导力是一种必须经过不断学习的过程。"

可见，领导力并不完全是与生俱来的，而是后天努力获得的，是一种可以掌握的、可以复制的技能。只要付出足够的努力，掌握了其中的秘诀，任何人都能拥有领导力。

你拥有领导力吗?

即使你是总裁、总经理，也不代表你就自然拥有领导力。所谓领导力，不仅在于学识、能力、品质，还在于是否具有影响别人的号召力，以及自如驾驭他人，包括比自己强的人的感召力。

追根究底，领导工作，本质是一种沟通、协调人与人之间的关系的工作，是一场错综复杂的心理博弈。一个卓越的领导者，要能透过表面看透人心，科学地识人、用人；要能深谋远虑，深谙制衡之术，收拢各种人才。真正的领导力，应该能使羊群变狼群，打败真正的狼群。

该怎样获得领导力呢？

学习，学习，还是学习。

本书是一本真正有含金量的、有参考价值的实用性领导学书籍，内容丰富，逻辑清晰，语言简洁，本书从如何带团队、如何管理小团队、如何拥有高情商领导力及如何识人、用人、管人等方面，全面分析领导力。其中，不但有精辟的理论阐释，还有经典的企业案例、历史名人案例和现实生活案例，以及实用的技巧策略，适合每一位领导者及想要成为领导者的人才。

正如彼得·德鲁克所说："并不是只有高管才是管理者，所有知识工作者，都应该像管理者一样工作和思考。"学会领导力的秘诀，掌握管理者的思考模式，将有助于职场的人际交往，有助于提高工作效率以及个人的职业规划。提升领导力，会影响越来越多的人，会让更多的人追随你，让你成为更卓越的人。

总之，个人和企业发展兴衰荣辱的绝大部分，都源自领导力！

目录
CONTENTS

第六章
说话入心，穿透看不见的"墙"

第七章
适度激励，让员工激情燃烧

第八章
高情商的管理者，往往是会讲故事的管理者

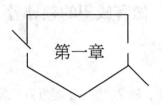

第一章

三分管人，七分做人

- ◆ 一碗水端平，做有威望的领导者
- ◆ 取信于人，才会有更多的追随者
- ◆ 英明的领导者，必有容人的雅量
- ◆ 勇于认错的领导者，更能赢得部属心

一碗水端平，做有威望的领导者

在管理工作中，领导者少不了要为员工调解纠纷，解决矛盾。面对这些事情时，员工判断领导者水平高低的标准就是公平与否。领导者办事是否公道，处理问题是否合乎情理，这些都直接反映其管理水平的高低，当然也会直接影响领导者的自身形象与威信。

上下级之间的关系是相互依赖又相互制约的。假如这种关系处于一种良好的状态之中，无论你是上级还是下级，各自的需要都可以得到满足。一般来说，上级需要下级勤奋努力、尽职尽责，而下级则需要上级在工作上重用自己，在做出成绩时肯定自己；在待遇上给自己合理的报酬，在生活上关心自己。

当下级的工作取得成绩时，受表扬的却是上级；当上级工作失误时，挨骂受罚的却是下级，这样的情况对下级的伤害最大，会造成下级心理失衡。因此，下级最在意的是什么，是值得领导者去发现、研究的。只有抓住这些核心问题，并最大限度地解决它们，才能让下级听从指挥。

领导者对待员工应一视同仁，不分亲疏，不可受外界环境影响或被个人情感左右，不可表现得忽冷忽热。在实际工作中，领导者难免更愿意接触与自己爱好相似、脾气相投的下级，其实他并不是故意要厚此薄彼，但这样还是会在无形中冷落了别的下级。

因此，领导者应适当调整自己，面对与自己性格爱好不同的下级，也要多和他们交往，尤其是那些曾经反对自己而且是无理地反对自己的下级，更有必要多和他们交流感情，以免造成不必要的误会与隔阂。

领导者的意识里应时刻装着"公平"二字，提醒自己对待员工不能厚此薄彼。在工作中，一定要公私分明，私交务必搁置一旁。每一个员工心中都有一架天平，时刻衡量着自己的付出与所得是否有出入。假如没有私心出现，这架天平就不会失衡。作为领导者，你要时刻注意保持员工心中天平的平衡。

员工除了关心自己的付出与所得，更关心与其他同事之间的差别，由此可见，领导者做到不偏不倚是多么重要。假如领导者马虎大意，不关心这一点，那么他就很可能会失去员工的信任。试想一下，一群不信任你的人在你手下工作，你的团队如何能创出佳绩？

对员工一视同仁、不偏不倚，是领导者处理自己与员工关系的重要原则，也是赢得员工信任的重要方式。领导者能够公平公正地对待每一位员工，员工们一定会非常满意，然后斗志昂扬地投入到工作中去。反之，假如员工发现领导者一味厚此薄彼，被偏袒的一方便会越发气焰嚣张，而被冷落的一方则会怨气丛生，而旁观者也会心灰意冷，从而对领导者心生不满。长此以往，领导者的威望将大打折扣，被偏向的一方，也将与其他人格格不入。

如此一来，整个团队就会四分五裂。众所周知，整体功能大于局部功能之和，一个"元气大伤"的整体如何能在竞争异常激烈的当今社会立于不败之地呢？

领导者应该在员工之间起到纽带的作用，促使公司上下一心、精诚团结。若领导者做不到公平公正而使团队不团结，那实在是一种悲哀。因此，领导者做到"等距交往"是最为恰当的。这就要求领导者既不与某一部分人过分亲密，也不过分疏远某一部分人。在工作上，对员工应该是同等看待，同等支持，切不可"看人下菜碟"。

作为领导者，应该时刻保持客观公正的态度，不为流言蜚语和个人喜好所左右，不让自己的主观想法影响客观事实。假如领导者看待问题时带有明显的主观色彩，便会很容易失去公平的准则。

对待员工不存有偏见，也不另眼相看，这是领导者树立自身威望的一个重要原则。凡是存有偏见的领导者，其威望都不会很高。

对于做出成绩的员工该表扬就表扬，该嘉奖就嘉奖，但平时还是应该将其和其他员工一样对待。也就是说，一个员工凭借出色的工作可以赢得荣誉和应有的物质奖励，但并不能因此获得特权。这样做，对于做出成绩的人来讲是大有好处的，有助于他们戒骄戒躁，不断前进。而那些暂时没有做出成绩的员工，也会乐意向他们看齐，甘心向他们学习。

领导者把诸多特权都授予那个让他另眼相看的人，对他犯的错却睁一只眼闭一只眼，这种做法的危害极大。领导者的另眼相看所造成的特殊化，会使员工之间出现差距与隔阂。享受特权的员工会"恃宠而骄"，其他员工则会心生怨怼、消极怠工。如此一来，即便那个让领导者另眼相看的人真的很优秀，也无法起到带头作用，只会让团队变得毫无凝聚力。

所以，一定要给员工创造一个公平合理的环境，让他们感觉到大家是平等的，让每个人都有发展的空间，这样员工才会积极努力地工作。

另外，对于女性职员或体弱职员也不可随意给出特权。如果他们确实无法承受现有的工作压力，就把他们安排到其可以胜任的岗位上，而不是把他们放到压力大、任务重的岗位上，之后再给予特别优待。随意给出特权必然会造成员工之间的不团结。

公司是个集体，需要公平公正的工作氛围，任何不公之举都会影响士气。领导者必须把这一点铭记于心。

取信于人，才会有更多的追随者

下属的信赖对领导者来说非常重要，这是其开展工作的基础。下属信赖你这个人，才会相信你所说的话，才会去努力达到你的要求。只有取信于人，你才能在下属心中树立崇高的威信，巩固自己的领导地位。被下属信赖的领导者，就像深深扎根于大地的树木，终将枝繁叶茂。

一个领导者的信用，如同他的招牌，只有小心呵护，才能在越来越多的人那里建立口碑。讲究信用是领导者踏上成功之路的重要一步。

那么，具体来说，领导者应如何取信于人呢？

1. 空头支票开不得

在一个团队里，领导者虽然拥有最高的权力，但不是拥有绝对的权力。领导者也会受到种种外界条件的限制，并非无所不能。如果领导者无视这些，滥用自己的权力，乱开空头支票而不考虑能否兑现诺言，就会在员工心目中留下轻诺寡信的印象，从而严重阻碍今后工作的开展。

轻易许诺的危害极大。对承诺的事情将来可能遇到的困难不做认真考量或根本不考虑，那么，一旦情况有变，在缺乏准备的情况下，承诺就会难以兑现，领导者必定会陷入进退两难的境地。

乱开空头支票是领导者的大忌。正确的做法是根据事情的难易程度和自己的能力大小，实事求是地许诺。

事情的走向，有时我们很难预测。当自己没有十足的把握的时候，不要轻易许诺。我们要始终保持实事求是的态度，有几分把握就说几分。为了顾及一时的脸面而乱开空头支票，最终会让自己陷入十分尴尬的境地。不轻易许诺，可以给自己留下充足的回旋余地，以便自己量力而行。凡事有言在先，成功了的话，对方肯定抱有感恩之心；不成功，对方也不会充满怨气，你也可以问心无愧。毕竟事物的发展带有两面性，事先把不同情况说清楚不是比轻诺寡信更好吗？员工也会把你看作十分可靠的领导者。

要想取得员工的信任，领导者就必须远离谎言，彻底杜绝借空头支票激励员工的行为。谎言一旦说出口，你的信誉就大打折扣。员工可能表面上不显露什么，但实则已经同你离德离心。没有了员工的信任，领导者的威信也就荡然无存了。

在团队里，如果领导者随意把许诺当作兴奋剂去使用，以此来激励员工，或者肆意恐吓员工，一开始，员工可能还会相信，努力完成任务；时间久了，当他们发现那只是上司笼络人心的借口，或是发泄情绪时的信口开河，就再也不会相信领导者的话了。

2. 说到做到才能树立威信

领导者要树立自己的威信，就一定要说到做到。一个领导者威信不高、不令人信服必然是有原因的，说一套做一套就是其中一个。

一些领导者仗着手中有一些权力，就拼命役使员工，自己却每天不务正业，吹着空调玩手机，每天的工作就是喊几句口号。要求都是给员工提出的，自己从来做不到。

上述这些言行不一的领导者，很难树立威信。他们的管理方式都出现了同样的问题：没有"说到做到"。无论有什么借口，只要领导者言行不一，员工就必然心生怨怼。领导者缺少威信，组织就会缺少凝聚力，员工努力工作也未必得到预期的回报，这些会使他们越发懈怠。

如果一位领导者言而有信，那么即使他能力有限，员工们也愿意信任他，并主动维护他的权威。因为言而有信是宝贵的品质，一个说到做到的领导者，一个不会朝令夕改的领导者，才能让员工真正放心，并努力地工作。

要树立威望，就要做一位慎重允诺的领导者。言必信、行必果，绝不信口开河，这样领导者就会在员工心目中树立良好的威信，命令就会畅通，团队就会秩序井然。

3. 谨慎表态

在职场上，作为一个领导者，在做总体规划和指导工作的过程中，免不了在各种场合进行表态，或发出指导，或提出要求，或做出决定。由于身份的原因，这种表态会影响到方方面面。因此，领导者在表态时要做到成竹在胸。情况紧急时要当机立断，事情复杂时要深思熟虑。需要表态时不能含糊其词，不能因为怕担责任，而一味和稀泥，或装聋作哑，回避表态。不需要表态时不可轻易开口，更不要信口开河。所做的表态要有根有据，不能模棱两可。

领导者在表态之前，要调查清楚整件事情的前因后果、员工们心中真实的想法，将所有情况汇总之后，经过深思熟虑，以客观事实为依据，根据不同的情况，采取灵活而有效的表达方式。

　　领导者应始终稳重端庄，在进行任何讲话与表态时，都要坚持原则，言语恰当，条理畅达，态度真诚，以维护领导者的良好形象。领导者在表态时把握合适的尺度和分寸，是开展管理工作的一个重要事项，也是领导者务必掌握的能力。

英明的领导者，必有容人的雅量

古往今来，人们都把"宽容"作为为人处世的重要准则，奉为中华民族的传统美德。可是，在日常生活中，常会有人为一些无足轻重的小事争执不休，甚至拳脚相向，造成恶劣后果，甚至闹到无法收场的地步。其实，只要双方冷静下来，就会发现假如当时自己拿出点儿容忍之心，彼此就能和睦相处了。事实上，越是有理的一方，越要谦让有礼，这样才能彰显出宽广的胸怀、容人的雅量，才能以德服人。

在日常工作中，领导者与员工之间发生争执，即便领导者是占理的一方，也应拿出"得饶人处且饶人"的气度来。你对员工宽容大度，员工又怎么能不对你生出敬佩之心呢？对领导者来说，穷追猛打，将员工逼至死胡同的做法，是千万要不得的。如此这般后，必然会导致彼此间的矛盾升级。当然，饶人也是要讲究方式方法的，要顾全对方的尊严与颜面。

在一次午休时间，钢铁大王查尔斯·史考勃在经过自己的钢铁厂时，看见有几个工人在一个角落抽烟，他们的旁边竖立着一块大牌子，上面赫然写有"禁止吸烟"的字样。见此情景，史考勃没有上前斥责他们的抽烟行为，而是面带微笑地走向那几个抽烟者，非常友好地给他们一人发了一根雪茄，同时平和地说："先生们，假如你们能在外面将这些雪茄抽掉的话，我将感激不尽。"话音刚落，这几名抽烟的工人就立刻掐灭手中的烟，并带着惭愧的表情向史考勃先生表示感谢。

在钢铁厂严禁吸烟的地方吸烟，这几位工人可以说是明知故犯，而且又被史考勃抓了个正着，即便如此，史考勃也没有让这几个工人难堪，而是用了充满人情味的方法，使员工充分认识到自己的错误，并心甘情愿地改正。在这个案例中，史考勃可以说是完全占理的一方，可他拿出容人的雅量，做出了让步。他这样做，不仅能收到令人满意的效果，还能让工人们对他心悦诚服，何乐而不为呢？

有些领导者在批评员工的时候，特别容易"得理不饶人"，不把对方说得涕泪涟涟，誓不罢休。这样做导致的结果是：受到批评的员工要么不把这当一回事，要么就是口服心不服，带着满脸、满心的不乐意去工作，心中的怨气也难免会带到工作中。

员工就算真的做错了事，领导者也要懂得给员工留些余地，让其有台阶可下。这样，犯了错的员工就会因为领导者的宽容大度而感动，对领导者心悦诚服，在今后的工作中会更加努力，以回报领导者的体恤。

那么，"得理饶人"的领导者具体要怎样做呢？

1. 不要斤斤计较

心胸狭隘的人事事都计较，使人很不舒服，因此，人人都喜欢与心胸开阔的人为伍。得理不饶人的领导者，往往斤斤计较，哪怕只是一件很小的事情，也会说个没完。这样的领导者或许会让员工表面上害怕，但不会让他们心服，还会使他们对其敬而远之。

2. 要给予一定程度的理解

在日常工作中，懂得理解员工的领导者，是更具人格魅力的，员工都喜欢追随这样的领导者，而那些胡搅蛮缠的领导者又如何能真正得人心呢？

3. 要学会点到为止

对犯错的员工，领导者进行批评与处罚是无可厚非的，但一定要讲究方式方法，要把握好尺度。假如一个领导者完全不顾员工的颜面与尊严，不依不饶，那就很容易引起公愤。到那时，管理工作就会变得难以开展。

　　总之，一个优秀的领导者不应该给人留下没有度量、得理不饶人的印象，如果一味这样做，将众叛亲离。所以说，领导者一定要懂得宽容与理解，拿捏好尺度，适可而止，这样才能得到员工的拥戴与尊敬。

勇于认错的领导者，更能赢得部属心

领导者做错了事，最好的处理方法是主动承认错误。认错时姿态要低、态度要诚恳，而不是一味地为自己找理由辩解。

小吴由于工作能力强，很快就被任命为企业的部门经理。作为一名部门领导者，他工作能力很强，只有一个问题，就是上班总迟到。迟到一次两次，底下的员工没人放在心上。迟到三次四次，员工们就开始皱眉头了。随着小吴迟到次数不断增加，员工们越来越不满了。后来，部门职员们在执行小吴分派的工作时，也开始"拖延"起来，工作总是不能按时按量完成，这让小吴很苦恼。

于是，小吴把秘书叫到办公室，询问员工办事效率降低的原因。秘书毫不留情地说："你不准别人工作拖延，要求他们按时完成，可你自己总是迟到，给大家带了个"拖延"的坏头。"小吴说："我迟到是因为我住的地方离公司太远，早高峰的时候堵车堵得很厉害。"秘书却说："堵车不是什么稀奇的事，有的员工住的比你还远呢，每天不也准时到公司吗？别人怎么就没有迟到？因为他们每次都很早便出发了。"

小吴听了秘书的话，觉得他说的有道理，便在本部门的工作群里郑重地发了一封道歉信，并且从那以后他就坚持每天早些出门，做到不再迟到。一个月下来，员工们的办事效率又提升了。

在职场中，有很多企业的领导者在面对自己的错误时，既不愿负责任，也没有一个改正错误的态度，从而失去员工们的拥护，失去了员工的信任。

作为企业领导者，有了错误就应该承担责任，并加以改正。不能总是找借口，一味推卸责任。虚心改正错误，既是对自己行为的鞭策，也是领导者成长的必由之路。

曾经有一位优秀的管理人员说："一次，我把我手下的一个员工狠骂了一顿，伤了他的自尊。第二天，当我意识到我做得太过分时，我便给他发了一个邮件，真诚地向他道歉。为此，那个员工很是感动，不仅原谅了我，在之后的工作中，还变得更加认真，帮我解决了很多棘手的问题。所以我觉得，能跟大家主动承认错误、检讨自己，不但不会丢面子，反而会让我产生一种勇于承担后果的职业责任感，还有助于我的工作的顺利展开。"

人非圣贤，孰能无过？犯了错误并不可怕，有了错误不敢承认才可怕。作为企业的领导者，一定要记住，犯了错误要勇于改正。同时，如何面对自己的错误，也是一个值得深究的话题。

一些领导者在犯了错误后，常常因为担心在员工面前威信扫地，而不愿正视自己所犯的错误，更不愿意承认错误。其实，不能承认错误、承担责任，才真的会在员工面前威信扫地。

美国国家人类基因组研究所所长曾由著名遗传学家弗朗西斯·柯林斯担任。当时，有一个攻读医学与哲学双科博士学位的学生在他的实验室里工作。那个学生写了一篇学术论文，并向杂志社投了稿。可是杂志社认为他在文章中盗用了其他学者的研究成果，于是把他的稿件退回了。这原本是柯林斯下属个人的责任，但是柯林斯还是马上给另外几家杂志社去信，要求撤回这个双科博士生已经发表的几篇论文，并且由柯林斯本人来承担所有的责任，之后，他把那个造假的学生开除了。至此，事情还没有完，柯林斯又给相关领域的科学家们写了书信，告知他们自己的学生造假的事情，并就这件事情向他们郑重道歉，书信多达两千多封。柯林斯知道，自己的这一番公开道歉，会让他本人与实验室的声誉严重受损，可是柯林斯还是坚持这么做了。

不出所料，在起初的一段时间里，柯林斯的声望明显下降，但后来人们还是非常钦佩他这种勇于承担错误、不推卸责任的精神，认为他是一位道德高尚的科学界领袖，做了一件对科学界非常有益的事情。

作为领导者，能够主动承认错误，这本身就是有责任感的体现。任何人都会犯错，坦然面对自己身上的弱点与错误，进而加以改正，这其实是一件好事，有利于自身的进步和今后工作的开展。在员工眼中，一位勇于承担错误的领导者是坦荡、可信，有担当并值得尊敬的，这样的领导自然会让员工钦佩有加，忠心追随。

《太阳时报》的主编丹诺先生有个习惯，那就是在审稿的时候喜欢把重点之处用红色笔标记出来，以便提醒排版人员此处格外重要。

一天，丹诺先生写了一篇文章，其中有一段文字相当精彩，其文字的意思大致是："本刊的一位读者给大家送来了一个红彤彤的苹果，令人惊奇的是，苹果上有一排代表祝福的文字。这真是个奇迹！杂志社的员工们在惊喜之余，都在猜测这些字到底是怎么刻在苹果上的。你知道吗，亲爱的读者？"

他认为自己的这段文字特别精彩，还特意用红笔勾了出来。一位做事非常认真的年轻校对员看了主编的这篇文稿后，觉得假如把这件事当一则"奇闻"报道出来，很可能遭到读者的嘲笑，于是将这段文字删掉了。

第二天，丹诺先生看完报纸后，发现在那篇《奇异苹果》的文章中，自己所写的那段特别精彩的文字被删了，便去质问负责校对的人员："昨天我用红色笔标记出来的那段相当精彩的文字哪儿去了？"

那位校对员看到领导发了大火，便心惊胆战地说出了自己删掉这段话的理由。丹诺先生听完后，马上十分诚恳地向这位校对员道歉："对不起，是我的错，我认为这件事大家还不知道呢。你做得对，假如以后还有类似的情况，你可以全权处理。"

"黄金无足色，白璧有微瑕。"人都有做错事的时候，领导者也不例外。主编丹诺主动承认错误并向员工道歉的做法值得每一位领导者借鉴。犯错后拒不认错、逃避责任的领导者，是最愚蠢的。

"人谁无过？过而能改，善莫大焉。"犯错后，领导者勇于承认错误、承担责任，及时汇集团队智慧进行补救比一味辩解有用得多。只有具备了高度的责任感才能真正成为一名合格的领导者，才能塑造出强大的人格魅力，这样的领导者才能赢得部属的心。

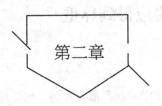

第二章

善打感情牌，"收买"众人心

- ◆ "小人物"也应得到尊重
- ◆ 独乐乐不如众乐乐
- ◆ 把对员工的赞美写下来
- ◆ 下属有时也得哄
- ◆ 向失意的员工雪中送炭

"小人物" 也应得到尊重

在平时的工作中，我们常会看到一些管理者对那些工作能力一般、职位较低的员工呼来喝去，这是一种非常不尊重人的表现，也是管理者情商低的表现。一些内心敏感之人会将他人对自己的不尊重视为对自己莫大的侮辱，假如这种情绪没有及时得到缓解，这些"小人物"很可能会伺机报复，在工作上制造事端。

在我国的历史典籍中，能够留下姓名的多数是那些人生经历不平凡的大人物。《左传》中记载的一个故事却让一个不起眼的车夫留下了姓名。

故事发生在春秋时期，当时宋国和郑国正在打仗。有一个名叫羊斟的人在宋国大将华元手下当车夫。

尽管车夫也要跟着将士们一起上战场，但按照春秋时期的礼制，只有贵族才能成为参战的士兵，而羊斟这样的车夫，身份是很低微的，所以华元从来没把他看作一起出生入死的战友。

有一天，在出征之前，华元为了鼓舞士气，下令宰杀几只羊来犒赏士兵。在当时，人们能够吃到的食物可不像今天这么丰富，能够吃上羊肉是极其难得的事，因此众人都是又开心又感动。

就在大家都痛快地大吃大喝的时候，有一个人却只能眼巴巴地在旁边看着，因为华元并没有给他分肉，这个人就是羊斟。

此时有人提醒华元，说他忘了给自己的车夫分肉了。可华元却不以为意地说："犒赏将士们是因为他们要为了国家出生入死，车夫有什么资格吃羊肉？"

羊斟听了华元的话，心里充满了恨意。他很快就报复了华元。

等到宋国和郑国正式交战的时候，华元见自己的马车一路向着敌军疾驰而去，心中大惊，他忙问羊斟："羊斟，你是怎么驾车的？"羊斟轻蔑地说："昔日分羊肉的时候你做主，现在驾车就是我做主了。"说完他就毫不犹豫地把车赶进了郑国的大营，华元也因此成了郑国的俘虏。

尽管华元是一位能力卓越的大将军，但一个人再厉害，能力也是有限的。他自视甚高，却不知，那些他不放在眼里的"小人物"，也能在关键时刻坏他的大事。

自古以来，这样的例子可以说是举不胜举。秦末农民起义的领袖之一陈胜虽然有"鸿鹄之志"，却也是因为过于轻视自己的车夫庄贾，而最终被他的车夫结果了性命；蜀汉名将张飞也是因为随意打骂自己的将士，而落得个醉酒后被小兵杀死的下场。可见，对那些毫不起眼的"小人物"，我们真的不能小看，不然便会因为"小人物"栽大跟头。

合格的管理者都知道，员工需要激励，激励员工应从尊重员工开始，而尊重员工应从小处着手。这里的"小"主要有两方面的意思，一是指要从小处做起，哪怕只是一个肯定的眼神、一句平常的问候，也会让员工十分受用；二是指从尊重底层员工开始。企业里那些不起眼的"小人物"更需要得到尊重，比如那些名不见经传的小文员、默默无闻的清洁工等。

人与人之间是平等的，即使你是总经理，而对方是个小职员，可在人格上你们依然是平等的：你们之间只有分工和职务的不同，而不是人格的高低贵贱。越是身居高位，越要真正尊重每一位员工，这样才能赢得众人的尊重与赞许。

在日常工作中，你以为你能离开那些"小人物"而工作吗？即使是微不足道的"小人物"，在团队中也有他的作用，也有你可能用到他的时候。有的人看似平淡无奇，却在某些方面拥有你没有的特长；有的人看似很笨拙，可能比别人更勤奋。在公司里总会有适合"小人物"的工作，"小人物"照样可以为我们提供支持与帮助，成为我们工作中的伙伴。

与那些备受人们关注与尊敬的"大人物"相比，"小人物"人小、庙小，所以他们更容易被你的真诚打动，他们也会非常珍惜你的尊重。从这个角度讲，给予"小人物"一定的尊重，对于激发和调动他们的工作积极性大有好处，有助于增强公司的凝聚力与向心力。

大型公司的清洁工，是一个特别容易被人忽视，甚至瞧不起的职位。老张就是在一家大型企业供职的清洁工，但就是他这样一个"小人物"，在一天晚上公司保险箱被盗的时候，与两名身强体壮的盗贼进行了殊死搏斗，最终帮公司避免了重大经济损失。事后，大家在为这个"小人物"庆功的时候，有人问他做出英勇行为的动力是什么，他的答案却出乎所有人的意料。他说："每当公司的总经理从我身边经过的时候，他总会对我微笑，并向我问候，他的做法让我十分感动，我一定要更好地完成我的本职工作，并且公司有任何需要我的地方，我都会挺身而出。"

你看，公司的总经理只是微微一笑，外加一句普通的问候，这个员工就被感动了，并在关键时刻心甘情愿地挺身而出。

另外还有一个案例。

由于受到经济危机的影响，某玩具生产公司产品销量锐减，为了使公司正常运转，必须压缩成本，并且裁掉三分之一的员工。总经理深思熟虑之后，决定裁掉一批清洁工和安保人员。把他们叫到办公室后，总经理便说明了要裁员的意思。

"公司离不了我们，假如没有我们打扫卫生，公司的工作环境将变得凌乱、肮脏，你们又怎么能全身心地投入工作呢?"清洁工说。

"公司也离不了我们啊，假如没有我们，安全的生产与工作环境就不复存在了。"保安人员说。

听完他们的话，总经理觉得很有道理，权衡再三之后决定不再裁员，重新制定生产、销售以及管理对策。之后，一块匾额就被悬挂在玩具公司的大门口，上面写着"我很重要!"员工走进公司第一眼就可以看到这四个字。

从此以后，无论是基层工人，还是管理阶层，大家都认为领导是非常重视自己的，每个人在工作中都拿出了十分的干劲儿，全身心投入到振兴公司的工作中来。一年后，这家玩具公司顺利地摆脱困境，并重新在市场中站稳了脚跟。

要想成为一名卓越的管理者，就要懂得尊重每一位员工，尤其是"小人物"。假如你能给"小人物"一句问候、一个微笑，他们一定会在不远的将来，让你得到许多回报。

独乐乐不如众乐乐

作为一位管理者，如果你总是"独占"在工作中取得的成果与荣誉，那么长此以往，你注定会失去人心，你的事业也注定会以失败告终。

韩东是一家杂志社的主编，他积极乐观、工作能力突出，和各位同事的关系也不错。

在一次评选中，韩东主编的杂志获得了大奖，能够得此殊荣，他感觉非常荣耀，见人就要把自己的努力和成绩讲一讲，同事们也都对他说了表示祝贺的话。然而，这件事过去一段时间以后，他发现同事们对他疏远了，似乎都在有意无意地避开他，其中又以他的下属表现得最为明显。这件事让他彻底失去了往日的笑容。

为什么韩东会遭遇这种事情呢？原因其实很简单，因为他犯了"功劳独享"的错误。杂志能够得此大奖，韩东作为主编自然有大贡献，但这更离不开杂志社全体员工的共同努力，所以这份荣誉是属于大家的，韩东不应该独享。

还有一个例子也很能说明功劳不可独享的道理。

某公司在进行年终表彰的时候，公司的董事长请本年度并列销售冠军的两位区域经理发表一下获奖感言和营销心得。其中一位姓王的区域经理带着骄傲的神气说："我担任这个职务还不到五个月，时间虽短，但我们区的业绩还是非常拿得出手的，因此，我很愿意讲一些我个人的不成熟的经验，希望可以供各位参考。"接下来，他便滔滔不绝地讲起了自己上任后都做了哪些规划和努力。他在台上讲得口若悬河，可台下听的人早就不耐烦了，与他在同一个部门工作的销售人员，更是露出了不屑甚至愤怒的表情。是啊，王经理将所有的功劳都归在自己的身上，完全抹杀了与他一起工作、一起打拼的下属们的功劳。

随后，另一个区域的廖经理也被邀请上台发表感言。他先是谦恭地向大家鞠了一躬，然后从容地走上讲台，他说道："我们区域之所以能获此殊荣，完全要归功于与我一起奋战过的每一位团队成员，大家是那么有活力，那么有冲劲儿……"廖经理在讲话的时候，他的下属们脸上都带着自豪的笑容。两相对比，两位区域经理的情商高下立见。

一位聪明的管理者心里应该明白：如果一个人独享大家的劳动成果，这是"吃独食"的行为，势必要引起下属的不满，甚至是反感，这种行为带来的直接后果便是，下一次团队合作的过程中可能会障碍重重，甚至有可能导致工作进行不下去。

俗话说"有福同享，有难同当"，作为一名管理者，团队在你的带领下取得成绩，这当然是值得庆贺的事，你也完全有理由感到高兴。但你要明白，这个成绩是大家共同努力的结果，若是你次次都独自占了功劳，员工就会认为你是一个好大喜功、自私自利的人。假如你取得的某项成绩真的是你个人独自完成的，除了格外偏激、善妒的人以外，大部分同事是会为你感到自豪并向你表示祝贺的，但记住，越是这个时候，越不可得意忘形。

对待成功，管理者应该做到以下几点。

1. 与人分享你的成功

即便是口头上说几句感谢的话语也是与人分享，况且你还能够扩大"分享"的对象！主动与人分享你的成功，可以让人产生被你尊重的感觉。如果你的成果离不开众人的协作，那你就更应该牢记这一点。你可以采取很多形式与人分享，比如请大家喝咖啡，或是请大家出去吃一顿饭等，都是不错的选择。

有很多上台领奖的成功人士，首先讲的就是感谢。这种感谢虽然没有真正的实惠，但仍然能让听者心里感到愉快，因此其中自有价值。

2. 为人谦逊

有的管理者获得成就与荣耀后，很容易得意忘形，变得自我膨胀。有这种心理不难理解，但作为你的下属，那就遭殃了。你嚣张的气焰、傲慢的神情他们都得忍受着。长此以往，在工作中，你的下属难免滋生诸多不满情绪，于是，他们会有意无意地抵制你，给你钉子碰，或是给你设置障碍。因此，当有了荣誉的时候更要懂得谦逊，对别人要更客气。做到不卑不亢确实不容易，但"亢"绝对不可过头，宁可"卑"得过分些。当看到你是如此谦逊的管理者后，下属们自然会尊重你。另外，千万别总提起你的荣耀，说多了便会给人一种自我吹嘘之感。

某日用品公司近些年来发展迅猛，利润持续增长。之所以能取得这样的成绩，得益于公司懂得与员工分享成果。

公司建立了合理的利润分配制度，将公司每年所赚得的利润，按照规定比例分配给每一个员工，也就是说，公司赚得越多，员工分到的也就越多。得益于这个分配制度，员工们个个奋勇争先，努力提高工作效率，还及时检查不足之处，积极主动地加以改进。

可见，当你学会与员工分享成功的时候，你就得到了员工的支持与拥护，你也就成了一个具有威信的高效管理者了。假如你只是一味地独享荣耀，你的威信在下属那里就会慢慢降低，总有一天，你会独自吞下这苦果！

把对员工的赞美写下来

相对于口头表扬，更好的赞美方式是写出对员工的赏识。因为随着时间的流逝，口头表扬会被人们淡忘，而书面表扬会令人随时重温，哪怕只是个赞美的小便条也远比口头表扬的力量大得多，可以激励着员工不断奋勇前行。

田宇所供职的公司对员工的奖励只有一种，那便是用奖金来奖励员工。一次，总经理对田宇说："眼下公司正在快速成长，应该多想一些奖励员工的办法。"

田宇经过再三思量，建议公司印制一种卡片，然后让每位员工视实际情况，在上面写出对某位员工的赞美的话语，和具体做得好的地方，并签名后送给对方。

其实，田宇对自己的这个创意并不是很满意，但是总经理相当认可，拍手赞同，并决定立即推行下去。于是，田宇印了卡片开始发放。出乎意料的是，许多员工都认可这一做法。之后，这项非正式的奖励，居然成了员工工作中不可或缺的一部分，员工们在茶余饭后经常对此热烈讨论，员工们工作的积极性得到了很大提高。后来，这个创意成了田宇的得意之作，常常被他提起，他也真正懂得了，激励员工不是只有物质激励这一个选择。

这样的体验你有过吗？即便没有过，我想这也不难想象。当有人以具体的事件正式地来赞美你，并且郑重地签上了自己的名字，这是不是比口头表扬更有意义、更能够激励人心呢？你会分外看重这个奖励，会时不时拿出来看一看吧？

做出贡献的员工，自然希望能够得到领导者的肯定，但如果仅是得到了口头表扬，虽也有激励的作用，但有时效果不明显。书面表扬就不同了。将赞扬的话一笔一笔地写在卡片上，它就成了一份值得永久珍藏的荣誉证书，令人回味无穷。

一张小小的卡片，就能让员工感受到领导者对他的重视，从而获得无比喜悦的心情和奋勇向前的动力，这个效果不是单纯用金钱就能达到的。而且，写下表扬的话语，既简单，又花不了太多时间和成本，人人都可以做到，领导者何乐而不为呢？

除了在卡片上写赞美的话，还可以用颁发证书及授予奖章的方式来对员工进行奖励。证书及奖章是比卡片更正式的书面赞美形式，这对员工是一种巨大的激励。

为员工建立业绩档案的方式也值得借鉴。建立业绩档案，即领导者给优秀员工写表扬信，并把信放入员工在公司的档案中。

把对员工的赞美写下来吧，这些看得见、摸得着的赞美话语，会让员工感到非常欣慰和荣耀，可以给你的员工战胜困难的勇气与信心，激励着他们继续努力前行，为公司做出更大的贡献。

下属有时也得哄

　　说些善意的"谎言"是优秀管理者的一项技能。说得毫无破绽，也就与真的没有两样了。为什么要这样呢？有的事情要取得成功，不哄你的员工是不行的。

　　丰厚的薪资、奖金固然对员工很有吸引力，假如只有这些激励方式，会让员工对工作本身不能维持长久的兴趣。加薪幅度高，员工就努力工作；过阵子加薪幅度低了，员工就很可能变得无心工作。

　　有一些管理者经常把薪资挂在嘴边，不注重员工的自身价值，还常对员工咆哮："你根本不配拿这么高的薪资！"或是"公司拿钱雇你来是干什么的？"这些伤人的话，会让员工有受辱的感觉。既然公司的期望是用钱买人的自尊，那么员工又怎能不一切向钱看呢？

　　公司付出了薪资，并不代表管理者应该终日将职业道德、敬业精神挂在嘴边，而是要告诉员工："你们不仅是为公司工作，你们也是在为自己的前途而工作。"

　　优秀的管理者懂得调动员工的积极性，鼓励员工以更大的热情投入到工作中去，这样做比强迫员工忘掉不愉快的事情，让他们被迫接受工作要好得多。处理员工的不安情绪的关键在于管理者恰当的安慰、鼓励与赞美。这是对员工没有成本的投资，管理者何乐而不为呢？

　　常言道："十句好话能成事，一句坏话事不成。""高帽子"谁都喜欢戴，希望被赞美是人们的共同心理。适当的恭维与赞美，不但会让对方精神愉悦，还能赢得对方的好感与信任。作为管理者，应具备给员工戴"高帽子"的能力。这种能力能赢得员工的好感与信任，为顺利地开展管理工作，带来意想不到的益处；还能极大地鼓励不自信的员工，让他们精神抖擞、信心满满地去完成交给他们的工作。

　　顾经理是某外企的一位女高管，她的管理才能在整个公司都是有口皆碑的。推崇以人为本的管理方式，擅长赞美员工。

　　一次，一位销售人员跳槽到顾经理所在的公司，此后接连几个月，他的业绩在团队中都是垫底，他几乎丧失了所有的信心，对自己的营销技能也不再自信。顾经理得知此事后，找到这位销售并对他说："听你上一家公司的老板提起过你，说你很有拼劲儿。把你放走，他可是后悔不已呢……"小伙子心头快要熄灭的希望之火，就因为顾经理的一席话，重新被点燃了。此后，这名销售人员冷静地对市场进行了分析和研究，找到了自己营销失败的症结，并予以突破，最终获得了成功。

实际上，顾经理根本没有和他的前公司的老板谈过话，但这顶"高帽子"神奇地让这名销售找回了丢失的自信和自尊。为了捍卫尊严和荣誉，他背水一战、勇往直前，最终以漂亮的业绩证明了自己。

合理地恭维他人确实有奇特的功效，但也要讲究方式、方法和技巧。

1. 要把握好尺度

戴高帽不可夸大其词。管理者如果不想适得其反，就不要讲不切合实际的话。假如一个员工对运营并不在行，管理者却对他说："听说你对运营这一块很有研究，对于这一行业的发展状况，你能说说自己的看法吗？"此时他心里就会特别反感，认为你是在故意揭他的短。

2. "高帽子"也可以间接给员工戴上

如果你是新上任的管理者，可对员工说："我听人说，你沟通能力很强，做事又稳妥，咱们来一齐努力吧，今后多为咱们部门出力呀！"员工听见这样的赞扬，心里一定会美滋滋的，他即便没有你口中说得那么好，今后也一定会尽力朝着你说的方向努力的。

3. 以别致的形式为员工戴高帽

假如管理者常提及某一个员工，那对于这名员工来讲已然是一种恭维与鼓励了。提起某个员工讲过的事情对他更是一种莫大的激励，这说明管理者仔细听过他所讲的话，并牢牢记在了心里。

需要注意的是，那种不切实际的夸赞、阿谀奉承不是管理者哄员工的技巧。只有合理地夸赞员工，才能让员工树立自信，塑造全新的自我，为公司的发展做出更大的贡献。

向失意的员工雪中送炭

在生活中，每个人都不可能永远顺风顺水、心想事成，失败与成功、悲伤与喜悦、泪水与欢笑，伴随每个人的一生。当我们跌倒的时候，我们明白，从哪里跌倒就从哪里爬起来，鼓起勇气面对一切。虽然这个道理浅显易懂，但是真正做起来没有那么容易。眼前困难重重，周围的人又对你冷嘲热讽，在这样的情况下，有谁能够保证自己始终咬紧牙关，坚强地站起来呢？在快要撑不住的时刻，管理者如果能伸出援手适当地予以扶持，很可能就会轻易地获得其忠心，这对企业管理者来说是益处良多的。

赵志轩在一家房地产公司做销售已有四年光景，他是每天到公司最早，离开公司最晚的人，他工作非常努力，业绩却始终平平。看到与自己一起进公司的同事们个个都升职加薪了，有的还被评为年度"销售之星"，赵志轩心里难免有落差。白经理作为销售部的管理者，把赵志轩的失意全看在眼里，于是，下班后把他留了下来，和他进行了一次详谈。他详细地为赵志轩分析了他在工作中所遇到的难题并提出了解决难题的思路；还帮助赵志轩分析了他的优势以及不足之处，并给出改进的办法；他又为赵志轩制订了详细的工作规划。不知不觉中他们竟然谈了两个小时，这次谈话让赵志轩对白经理感激不已。此后的一段时间里，白经理还一直跟进，对他的工作进行具体的指导，功夫不负有心人，赵志轩的销售业绩有了大幅度的提升。

员工失意时，作为管理者，如果采取打击的方式，只能让他们意志更消沉，从而影响工作。他们此时真正需要的是你的援助之手。员工失意的时候，如果管理者能够伸出援助之手，就等于给了他一次实现自我价值、创造辉煌的机会。

小齐因工作业绩突出，很受公司领导器重，被派往下面一家分公司担任管理者。到任之后，小齐发现这家分公司内部已经分成了若干个小团体，由于这些小团体之间有严重的内斗，所以分公司业绩一直很差。

这些小团体之间的明争暗斗，给小齐的管理造成诸多障碍，他们甚至还用攻击性的手段试图削弱小齐的管理权。当时，小齐遇到的最大的阻碍来自生产部的张主管。张主管是个做事非常认真的人，而且吃苦耐劳，唯有一个缺点，就是喜欢拉帮结派，但凡看谁不顺眼，他就会用尽一切办法去整治那个人。所以，在这家分公司里，大家都很害怕张主管，不敢得罪他。

有一次，张主管犯了一个非常严重的错误，公司大多数管理者的意见都是开除他。张主管自己也意识到了事情的严重性，做好了离职的准备。小齐觉得开除张主管是件大事，需要开会商议。可是在会上，其他的部门主管都像是提前约定好了一样，异口同声地提出应该开除张主管，他们还罗列了一大堆张主管的"罪状"。对于同事们此时的检举，张主管也没有进行反驳。

最后，大家都把目光放到小齐身上，想看看他会怎么说。小齐说："我觉得，看一个人，应该看他的方方面面，不能只看他的缺点，一个人身上所蕴藏的优点我们也应该看到。张主管在工作上的那种干劲儿，大家都看在眼里，而且他在工作上的负责精神，对任何一个团队来讲，都是能够起到很好的带头作用的。单是凭借这一点，我们也应该把张主管留下，大家说是不是？这样的员工不好找。这次他犯的错误确实不小，可这是他无意犯下的错，并非主观上犯下的错，我们不能因为一次错误就把人一棍子打死。请大家相信我一次，给张主管一次机会，我相信在今后的工作中，张主管会更加认真负责地对待工作，将这次给公司造成的损失早日弥补回来。"

　　小齐此番话一出，整个会场悄然无声。张主管做梦也没想到，给他解围的竟然是自己平日针锋相对的小齐，他顿时感动得热泪盈眶。由于小齐的坚持，张主管最终留了下来。在关键时刻，小齐挺了张主管一把，不仅为自己挣得了一个能容人的好名声，还成功收服了张主管，让他成了自己的得力帮手。

　　俗话说："拿人的手短，吃人的嘴软。"在关键时刻拉人一把，对方受了好处，自然会记住你这份人情。所以说，在员工失意之时，千万不要吝啬你的友善，要及时给予他们帮助。人都有失意之时，当你的员工遇到困难时，作为管理者，帮助他们渡过难关，他们就会对你更加忠诚；对他们落井下石，他们便会对你怀恨在心。

　　给失意的员工一些鼓励，这些鼓励会像阳光一样温暖员工的身体，像雨露一样滋润员工的心；给失意的员工一点儿鼓励，就像保护一株风雨中的幼苗，风雨过后，幼苗便会茁壮成长。

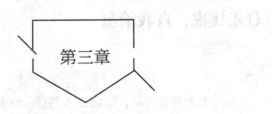

第三章

把消极情绪赶出团队

◆ 赶走忧虑，自我治愈

◆ 别被愤怒情绪牵着鼻子走

◆ 职场也有倦怠期

◆ 下属爱嫉妒，领导有妙招

赶走忧虑，自我治愈

每一个人都有情绪，情绪分为两种：积极情绪和消极情绪。积极正面的情绪会使人乐观向上，对未来充满希望；消极负面的情绪则会使人意志消沉，萎靡不振，对未来充满悲观、失望。

在管理工作中，一个乐观、阳光、充满激情与干劲儿的领导，对团队发展与员工工作状态的影响至关重要。事实上，领导不可能永远保持这种理想的状态，他们也会遇到不开心的事情，也会感到忧虑和烦闷。如果带着这样的情绪上班，自然会影响工作。

忧虑、焦躁等消极情绪就像一块石头，重重地压在我们的心上，会对我们的精神造成很大的负担。它会影响我们的心态，侵蚀我们的信心和勇气，成为我们成功路上的绊脚石。因此，如果发现自己情绪低落，忧虑、焦躁，千万不要对此置之不理，要想办法消除。下面就是一些对抗忧虑的好办法。

1. 微笑消除法

我们常说心态决定一切，这的确很有道理。在工作和学习中遇到不顺心的事情时，感到忧虑、焦躁是很正常的，这些内在情绪会在脸上体现出来：脸色阴沉、眉头紧皱、嘴角向下。这时候，不妨先问问自己：这样有用吗？事情会得到解决吗？答案当然是否定的。既然如此，又何必自己和自己较劲儿呢？不如微笑着面对这些已经发生的事情。微笑不但可以让自己的心情变好，还可以带动周围人产生良好的情绪，从而营造出轻松、愉快的工作氛围。一旦有了良好的心态，你就会发现哪里都是惊喜。

2. 幽默驱赶法

微笑可以帮助人们调节心情，同样，幽默也是有效的对抗消极情绪的小妙招。对个人而言，幽默可以使自己心情愉快；对他人而言，幽默可以给周围人带来快乐，在一片欢声笑语中，人们彼此之间的亲和度会迅速上升。因此，如果一个人很有幽默感，他往往具有积极乐观的心态，脸上总是带着欢快的笑容，走到哪里就把正能量带到哪里，也比平常人更具吸引力，其生活和工作也会因此变得更加美好。

3. 乐观驱散法

积极乐观的人和消极颓废的人对待同一件事情会表现出截

然不同的态度。有这样一个实验：把一群人集中在一个房间里，不给他们提供水，等到他们口渴难耐的时候，拿来一杯水并在他们面前倒掉一半。那些消极悲观的人看到这种情况极为震惊，惋惜地感叹道："真糟糕，只剩下半杯水了！"那些积极乐观的人则说："真好，还有半杯呢！"这就是乐观和悲观的人面对同样的事情时想法的差别。

4. 环境调节法

大自然可以带给人们美的享受和心灵的慰藉。如果遇到不开心的事情，不要自己跟自己较劲儿，不妨出去走一走，去感受一下大自然的美好。这不仅有益于身体健康，更可以缓解人的心理压力，使人的精神得到放松。

5. 请人疏导法

我们如果有了忧虑的情绪，应该及时地进行处理，像倒垃圾一样倒掉它，而不是憋在心里。当自我调节不理想的时候，一个好的倾听者可以有效地帮助我们。比如，可以找自己信赖的亲朋好友、同事等，有时他们的一两句点拨，就会让我们豁然开朗。

在生活中，我们难免会遇上许多让我们感到头疼、忧虑的问题，请记住，这些只不过是我们前进路上的一些小波折，不是难以逾越的沟壑，只要保持良好的心态，一定可以成功跨过去。

别被愤怒情绪牵着鼻子走

常言道："忍一时风平浪静，退一步海阔天空。"寥寥数语，道出了生活的真谛。

"是可忍，孰不可忍！"在生活中，我们经常听到这句话。有时，一些很小的事情点燃了我们的怒火，我们会用破口大骂、拳脚相加的方式来宣泄心中的不满与气愤。可是过后想一想，事情其实没有那么糟糕，可当时怎么就控制不住自己呢？是愤怒让我们失去了理智。人在愤怒的时候，极其容易冲动，然后会做出一些令自己后悔莫及的事情。因此，当我们怒火冲天的时候，要时刻提醒自己，别被愤怒的情绪牵着鼻子走。

众所周知，愤怒是一种破坏力极强的情绪。这种情绪隐藏在我们内心的深处，平时无声无息，可是一旦经过外部催化，会如火山爆发一般产生巨大的能量，然后波及周围的人，使他们受到伤害。作家南派三叔曾说："人的愤怒是顶端的情绪。"由此可见，愤怒情绪出现的那一瞬间，有可能会盖过其他所有情绪。如果任其发展的话，那么等待我们的势必是狂风暴雨。

愤怒会蒙蔽我们的双眼，摧毁我们的理智和认知，让我们做出无法挽回的事。

在工作中，管理者不仅要合理安排各项工作，处理好各种关系，管理好自己的情绪，还要时刻关注下属的工作状态，并且要能够激发起下属的斗志。如此一来，管理者所面临的压力不言而喻。在这种高压状态下，有些管理者一旦遇到不顺心的事情，就很难控制好自己的情绪，下属在工作中的一点儿失误，就可能引发他们的雷霆之怒，进而使整个办公室气氛凝重。这就是坏情绪的"感染力"。

一时的冲动会造成长远的影响。对管理者来说，情绪失控不仅会损害自己在下属眼中的形象，影响与下属之间的关系，进而对工作产生很坏的影响，而且会导致公司人才流失。

著名教育家马卡连柯说："不会抑制自己的人，就是一台坏掉的机器。"可见，如果我们想要正常"运转"，就必须学会控制自己的情绪。一个失控的管理者，势必无法管理团队，最后只能变成"孤家寡人"。

"情绪这种东西，非得严加控制不可。"这是作家亦舒对于情绪控制的清晰的认知。的确如此，一个人的能力大小并不取决于他情绪失控时的爆发力，恰恰相反，而是看他情绪爆发时的控制力。一个人如果无法控制住自己的情绪，就会被情绪牵着鼻子走，进而做出违背本心的事情；反之，一个人如果能够控制情感，在愤怒时保持理性，那么，就能够成为情绪的主人。

　　管理者是否善于控制情绪对一个团队来说至关重要，这也是检验一个人是否具备作为管理者最基本的素养和管理能力的重要标准。无论遇到何种情况，都不会被愤怒冲昏头脑，失去理智，这是管理者应该具备的素质，也是高情商的一大表现。正如某企业家所说："作为一个领导人，应该控制自己的情绪，很多时候发脾气是无能的表现。"

　　那么，具体来说，管理者该如何控制愤怒的情绪呢？

1. 规避愤怒情绪

　　在生活中，如果一个人被侮辱，或者吃了亏，那么他会怎么做呢？多数人可能选择以眼还眼，以牙还牙，无论付出何种代价，也要"报仇雪恨"。这些行为离不开愤怒的影响。但是这种情况是不会发生在高情商的人身上的。在他们看来，此人的行为幼稚可笑，根本没必要去计较，只要自己不理会，对方只能像个跳梁小丑一般上蹿下跳。当明白了这个道理之后，我们就不难在愤怒的火苗出现之时将其掐灭。

　　作为管理者，在工作管理过程中，不仅工作要完成得出色，还要处理好与下属的关系，这就要求我们随时保持冷静和理智，要有"宰相肚里能撑船"的气度。如果某些员工伤害到了自己，不要被愤怒蒙蔽了双眼而因小失大，应当像春雨润泽万物一般，学会以柔克刚。

2. 控制愤怒的情绪

工作中难免会遇到让我们愤怒的事情，我们必须学会控制自己的情绪。为人处世，只要控制好情绪，用理性和智慧化解矛盾，遇到事情平和以对，淡然处之，那么一切糟糕的情绪便会消失得无影无踪。

有一则寓言故事很好地论证了这一点。故事是这样的：在一个森林里，狮子是森林之王。有一只野猪狂妄自大，也想坐上森林之王的宝座，于是它奋力地从栖身的粪堆上爬起来，找到狮子，表示自己要与它一争高下。狮子闻到它身上的臭味，看到它肮脏不堪的样貌以及不可一世的表情后，理也没理就转身走开了。野猪连胡搅蛮缠和撒泼耍赖的机会都没有。狮子的行为给了我们很好的借鉴：对待企图激怒我们的或者不可理喻的人，不要冲动，只要利用理性和智慧约束自己，便可以控制住愤怒了。

正如德国哲学家康德所言："生气是拿别人的错误来惩罚自己。"因此，为了避免犯这种低级错误，我们一定要学会管理自己的情绪，用理智控制愤怒。所谓的理智，就是能辨别是非、利害关系，从而控制自己的情绪的能力。那些令我们感到气愤的人或事，虽然面目可憎，但如果我们一笑置之，理性地回应对方，平和地与对方相处，那么愤怒的火苗便可以被压制住了。

总之，喜怒哀乐虽是人之常情，但一个随时随地暴跳如雷的管理者很难得到员工的尊重和信服。欲成大事者，唯有不断地用理性思维去化解和控制自己的愤怒情绪，才能达到自我约束的至高境界。

职场也有倦怠期

有个词叫"七年之痒",用来描述婚姻。它的意思是,两个人结婚七年之后,双方非常熟悉和了解了,没有了恋爱时的激情,而平常生活中的琐碎事情会让两人都产生一些不满,这种情绪经过七年的积攒,会达到一个惊人的程度。于是两个人开始埋怨、争吵以至分道扬镳。夫妻如果遇到"七年之痒",那么他们的婚姻就会面临很大的考验。同样的道理,在工作中也有"七年之痒",我们称它为"职场倦怠期"。

王静在某电信公司工作快六年了,刚来时是负责推销电话卡,现在依然在做推销,只不过推销的产品变成家庭宽带网络和光纤。渐渐地,她开始厌烦这份工作了。其实,她本身的性格比较内敛,但由于工作性质的原因,在这近六年工作期间里,她必须不停地跟人打交道。

拿个常见的例子来说吧,公司有一项长期业务,就是针对大学生定期推出新的流量套餐。每次开学,王静都会一连几个月泡在大学里,为的就是在新生入学时,给学生们推销最新套餐。

工作几年后，她认为自己年纪也不小了，这份工作没有技术含量，自己根本学不到什么有用的技能或经验。这样一想，这几年心里积压的难过、愤怒、忧虑等情绪一涌而出，她心里越发烦闷，对工作开始懈怠，越来越没有干劲，一点儿小麻烦就能轻易引起她的怒火。

她的领导看出了她的问题，就跟她谈话，说："你这是进入工作倦怠期了，是因为做这份工作时间比较久了。遇到这种情况要学会自我调节，给自己排毒，把那些负面情绪全都清理出去。"之后，领导对她讲了一个故事。

故事的主人公是一家知名企业的工程师，他的事业带给他令人羡慕的薪水和社会地位，可他却感受不到快乐。有一年，他突然请了几个月的假，离开了这座他熟悉的城市。接着他告诉家人，不要问他要去哪里、去做什么，他会按时给家里打电话报平安。实际上，他只是对自己每天机械性的工作感到厌烦，想逃离周围的环境，去一个陌生的地方罢了。他给自己选择了一个遥远的农村作为目的地。

到了之后，他开始尝试各种工作，比如到农场喂养牲畜，在餐厅做洗碗工，和当地的农民们一起到田间劳作。他还和工友们瞒着老板偷懒、聊天。

他在一家饭店做洗碗工时，只工作了四个小时就被解雇了。老板给他结算工资时说："你刷得太慢了，工作效率太低，不适合这份工作。"可想而知，其他工作他也没做出什么成绩。于是，他回到了原来的工作岗位，在那个熟悉的环境里继续干着重复性的工作。

回来之后，他发觉很多事情都变得新鲜起来，之前的工作也有了全新的体验。这几个月的经历就像一次大冒险，有趣而刺激。最重要的是，经过这次体验之后，他眼里的世界就跟小孩子眼里的世界一样，快乐而有趣。这次农村之行让他把心中积攒多年的"垃圾"全部清除了。

在日常工作中，会有很多令人不开心的事情，不是所有的人都可以忘掉它们，也不是每次都能百分之百地排解掉，工作时间长了，就会积攒一些负面情绪。

刚开始，这种负面情绪还可以自我调节，可随着时间的推移，内心积压的负面情绪不断累积、难以排解，人们就会感到烦躁、忧虑、愤怒。其实，每个团队都会有这样的员工。无论是谁，工作时间久了，都会有一段职场倦怠期。进入这个时期的员工，从表面上看，好像突然变了一个人一样，他们变得暴躁易怒、萎靡不振、忧愁焦虑，对工作不上心，整天怨天尤人，全身都是负能量。

作为领导，如果发现团队中有下属出现这种情况，应该负起责任，及时对他们进行心理疏导，解决问题，让他们尽早走出倦怠期。不然，整个团队的工作氛围都会受到影响。那么，领导们应该如何帮助员工走出职场倦怠期呢？

1. 帮助员工保持良好的心态

如果正处于职场倦怠期，那么最重要的就是保持心情愉悦。不要想自己为什么焦躁，因为越想也许就会越焦躁。这个时候，领导可以建议员工出去走走，去喜欢的地方，自己一个人待会儿，发呆也好，痛哭也罢，或者把自己想说的大声喊出来，用这些方式让员工冷静下来。

2. 不要一味批评

作为领导，不要一味地训斥员工，因为这很可能会加深自己与员工之间的矛盾，使其更加不满和愤怒，进而冲动地离职。处于倦怠期的员工是极其敏感和脆弱的，他们时时处于不安中，对自己持否定态度，怀疑自己的未来、能力，甚至对人生充满悲观，此时的他们需要的是安慰和鼓励，指责只会起到反作用。作为一个合格的领导，我们要做的不是赶走员工，而是尽可能地帮助他们，使员工走出困境，恢复之前的自信及高效的工作状态。

3. 组织一些活动

领导可以在公司内部定期组织一些活动，帮助员工放松身心，比如体育比赛、对歌游戏等。毕竟，如今职场竞争非常激烈，每个职场人士都有很大的压力，谁都可能陷入职场倦怠期。平时注意调节预防，出现了情况及时应对，这对团队管理与建设极其重要。

总之，帮助员工赶跑他们脑中乱七八糟的想法，清理掉他们在工作中积压的消极情绪，他们就会积极高效地投入到工作中，整个团队就会无往而不胜。

下属爱嫉妒，领导有妙招

我们常说"爱美之心，人皆有之"，其实嫉妒之心亦是如此。对长远的社会发展而言，嫉妒心或多或少推动了人类文明的进程；对我们个人的发展而言，嫉妒心可以激起我们的好胜心，让我们变得锐意进取。只有清楚地看到别人比自己厉害的地方，并且有不服输、想要赢过对方的信念，我们才能进步，变得更强。换句话说，在工作生活中存有一点儿嫉妒心，对我们个人的发展来说，是一件好事。

凡事过犹不及，嫉妒心过强则有害无利，特别是对于一个团队而言。如果队伍里面有成员因为嫉妒而做出一些有损其他成员或团队利益的事，甚至不惜违反规章制度，那么管理者必须加以制止。

方晓冉团队中有一个叫陈琪的女生，嫉妒心就很强。三个月前，团队新招进一个女生，工作能力很强，不到两个月，就谈成了一笔大订单，极大地提高了团队的业绩。由于其表现出色，方晓冉当众表扬了这个女生。不仅如此，她认为这个女生是可造之才，想要提拔她，于是把自己维护多年的一个老客户介绍给了她。没想到，这件事情激起了陈琪强烈的嫉妒心。她处处针对那个女生，稍有不顺心就对她发脾气。她每天板着一张脸上班，看什么都不顺眼，弄得大家都不开心。方晓冉得知此事后非常生气，意识到不能再任由陈琪胡闹了，于是约她谈话。但方晓冉没有一上来就训斥陈琪，而是先给她讲了一个故事。

故事是这样的：穆律罗是 17 世纪西班牙有名的画家之一。在他的众多奴仆中，有一个叫塞伯斯蒂的青年人，他很喜欢画画，在这方面也有天赋，每次穆律罗作画或者上课时，塞伯斯蒂总会在旁边偷偷观察、学习。

有一次，塞伯斯蒂心血来潮，竟然在穆律罗的画室里开始画画，由于太投入，他都没发现穆律罗和贵族客人们的到来。穆律罗并未惊动他，而是静静地看着他作画。等塞伯斯蒂画完最后一笔，才发现穆律罗站在他身后，他吓得赶紧跪地求饶。在那个等级森严的年代，塞伯斯蒂的行为是不可饶恕的。

客人们窃窃私语，都想看看穆律罗会以何种方式惩罚这名奴仆。然而，穆律罗的处理结果使所有人始料未及。他不仅解除了塞伯斯蒂奴仆的身份，还收他为徒。客人们对此很是愤怒，认为穆律罗丢了贵族的脸，于是开始疏远他，也不再买他的画。穆律罗对此并不在意，他坚信塞伯斯蒂会成为他的骄傲。

300 年后，一位历史学家写到这个故事时做了以下两点补充：第一，事实证明，一个人改变命运，靠的是才华而非出身，对此，塞伯斯蒂就是很好的证明；第二，一个人能得到后人尊敬，不仅是因为他的传世作品，更是因为他的人品和胆识，穆律罗正是如此。

穆律罗并没有因为塞伯斯蒂的才华而产生嫉妒心理，相反，他支持、欣赏塞伯斯蒂的能力。由于穆律罗的胸怀，穆律罗和塞伯斯蒂实现了双赢。

陈琪听完这个故事后羞愧不已。

员工嫉妒心过强，就会容不下团队中其他优秀的成员，以致做出有损团队利益的事，同时也会影响团队利益。如果团队出现这种情况，而领导对此视而不见，一味纵容，或是没有及时做出恰当的处理，那极有可能会使团队内部产生信任危机，让团队变成一盘散沙，同时，也有损领导的形象。因此，嫉妒心太强的员工对团队来说是很危险的。

那么，面对嫉妒心特别强的员工，一个合格的领导要如何处理呢？

1. 对待员工要一碗水端平

作为领导，最主要的就是保证公正、合理地对待队伍的每一位成员。正所谓"不平则鸣"，某些时候，员工之所以会有过激的嫉妒行为，是因为领导的天平无形中倾斜了，开启了"不公平管理"模式。因此，领导要一碗水端平，要记住，只有公正才能让员工心悦诚服。

2. 站在员工的角度思考问题

对于员工过强的嫉妒心，以及因此产生的一系列的影响，领导不要一刀切。只要团队和其他员工没有受到伤害或利益损失，那么领导就应当负起监督、教育的责任，科学地引导他们走出思想误区，让他们明白：适当的嫉妒心可以为我们提供奋斗动力，要学会将其转化为向上的动力，而不是背后搞小动作。

3. 要对嫉妒心过强的下属进行合理的心理疏导

领导要帮下属消除负面情绪，使其认识到：比起一味地嫉妒，选择跟那些优秀的人并肩而行，更有意义。

综上所述，如果团队中出现了嫉妒心过强的员工，管理者一定要适时引导，以免造成不良后果。

第四章

既要会打仗，更要懂带兵

◆ 无为而治是管理的至高境界

◆ 让下属对自己的权力负责

◆ 大权抓手中，小权分部下

◆ 别让下属过分依赖你

无为而治是管理的至高境界

在《庄子》一书中，阳子臣请教老子何为一个好官，老子是这样作答的："真正的好官会让大家都感觉到他的好，但又说不出这些好与他有什么关系。他帮助大家学习和成长，但别人又感觉不到他的帮助。他很懂管理策略，用合理的管理方法使民众在潜移默化中得到成长。"

什么是无为而治呢？老子其实已经将答案告诉我们了。

在企业管理中，无为而治就是让管理者从企业的琐事中跳出来，负责好企业发展战略和识人用人的工作。"无为"并非是让管理者无所作为，而是让他们在大事上有所为，在小事上有所不为。管理者要提高个人的管理能力，预先做出计划，合理地掌控大局。给下属充分的权力，但不能做甩手掌柜，任何事情都要胸有成竹。当然，给予下属授权时，要有明确的目标和准确的定位，不能超出其能力范围，否则会加重下属的负担。

要想学会无为而治，就要随时注意下属的动向，了解下属的工作情况，并在其出现问题时及时给予帮助。另外，管理者还要懂得分离职权，不要把所有权力都集中在自己手中，这样可以使团队有一个轻松愉快、积极向上的工作环境。这是管理工作中最重要的一点。

我们可以肯定的是：一个管理者如果懂得无为而治，那他必然是一个聪明的管理者，他把企业制度用"无为"隐藏起来，企业必然可以得到发展。

有这样一个案例很好地论证了无为而治的核心。

有一天下午，一个企业的总经理无意中路过人力资源部办公室，看见办公室的门没有关，往里面看了一眼，这一看，顿时让他火冒三丈。

他看到的是，人事主管小周正跷着二郎腿悠闲地闭着眼躺在老板椅上，他的工位上只有一部电话、一支笔，除此之外别无他物。在工作时间，看到下属这样的状态，总经理自然大怒。于是他气冲冲地走到小周的工位处。

"赶紧醒醒！"怒气让总经理的声音变得相当大。"你现在是在干什么，睡觉吗？这是上班时间，你不工作吗？"他等着看这位偷懒的主管如何巧舌如簧地为自己辩解。

令他意外的是，小周并没有如他预料的那样不知所措，反而不慌不忙地站起身来，淡定地回答："其实我是在工作，我在管理我的手下。"

"还在狡辩！我看你是在梦中管理吧！"听到小周的回答，他的气更是不打一处来。他心想：都被当场抓住了，还睁眼说瞎话。

小周没有慌乱，而是继续解释："经理，是这样的，针对新员工的心理状态问题，部门一个同事建议引进一套诊断设备，专门用来做心理测验，我觉得这个建议有可行性，现在正在考虑是否实行。"

"这个建议确实不错，可是除此之外呢？你就只有这一件工作吗？其他的事情不做了吗？你每天都在干什么？怎么你的办公桌上这么空？连一份文件，甚至一张纸都没有！"总经理的嗓门比刚才更大了。

"是这样的，经理，我的下属不是什么都不懂的小学生，也不是那些懵懵懂懂的职场菜鸟，他们的工作能力都很强。所以我分给他们一部分权力，这样他们可以在自己的权力范围内灵活地处理一些事务或者做一些决策。当然，给予他们部分权力，实际上减轻了我肩上的担子。但我并非无事可做，我需要在每天上班后，首先列出当天的工作任务，然后按轻重缓急排序，再分配给下属，让他们处理。我给他们任务时也赋予了他们权力，我相信他们有完成任务的能力。因此我自己主要负责思考和决策。"

总经理听后心中一震，似乎理解了小周的管理方法。

"但是，我还有一个问题：你如此信任他们，放任他们自己去处理各种事情，一旦遇到无法解决的问题怎么办？"

小周笑着答道："自然是来找我。不过遇到问题，我会给他们自己处理的机会，相信遇到过一次后，以后再碰到类似的问题，就难不倒他们了。"

总经理会心地点点头，终于明白了无为而治的企业管理艺术。

在企业中，管理者的工作到底是什么？答案很简单，就是管人管事。现代社会经济迅猛发展，随着社会进步，企业经营模式也要与时俱进，这就要求管理者必须具备出色的才能，这也是成为一个合格领导的前提。

即便如此，还是会出现很多问题，有时我们会发现：两个都很有工作才能的管理者，其业绩和成就却相差很多。这不是单个事例，而是一种普遍现象，在各个行业中随处可见。出现这种情况的根本原因，是管理者的管理艺术有高有低。

道理很简单，善管人者，能谋善断、运筹帷幄。他们不仅有工作能力，更有管理才能，可以让下属对其心悦诚服，并快速成长起来，独当一面。这只是小的方面，如果从整个公司来讲，这类管理者是真正掌握了无为而治的真谛，他们以德服人，以人治人，让每个人都处在恰如其分的岗位上，发挥最大价值，如此一来，轻轻松松地就可以将整个公司管理得井然有序。

试问，这样的管理者，怎么能不取得成功呢？企业又怎会不是一帆风顺、蒸蒸日上呢？

不懂得无为而治的管理者，其企业经营状况便会非常糟糕。他们要么是事事都想管，要么是该管的没管好，不该管的又干预过多，其结果便是顾此失彼、纷乱如麻、人多手杂、步履维艰。长此以往，公司会人心涣散，最终变成一盘散沙。

由此可见，二者差别之大。显然，善管人者与不善管人者相比，善管人者更会合理地分配权力与任务，这是一门学问，一门艺术。他们把管人用人这项才能运用自如，达到了老子所言的无为而治的境界，让下属心悦诚服，工作尽心尽力，而自己也能在企业这个大池塘里工作得游刃有余。

让下属对自己的权力负责

权力与责任是共存的。有了权力，责任也就会出现。世界上没有只享受权力却不用承担责任的事情。公司领导将权力授予员工的同时，也会将责任一并授予他们，每一位员工在行使职权时也要对相应的工作负责。

小吴在一家公司的销售部工作已经好几年了，有非常丰富的工作经验。可是人有失手，马有失蹄，在处理最近一批订单时，小吴因为一时大意，误将去年仓库的压货给客户发了过去。

这件事情使公司遭受了很大损失，客户非常不满，纷纷要求退货，更重要的是，公司的信誉也遭到了客户的质疑。针对这次事件，公司的郑总决定负起他身为管理者的责任，他想先将事情揽到自己身上，然后再想办法解决。但是，公司开会讨论时，郑总还没开口，小吴就主动站起来承认了自己的过失。他说："我的任务是销售商品，我有分发货物的权力，同时我也有保证这项工作顺利进行的责任。现在由于我的失误造成了非常严重的后果，那就应该由我来承担。我一定会处理好这件事情。"郑总听后，非但没有怪罪小吴，反而很佩服小吴勇于担责的态度，并对大家说："公司就是需要这样有责任心、可以对自己的权力负责的员工。"

"人非圣贤，孰能无过"，犯错并不可怕，可怕的是不敢承担责任。案例中的小吴就是一个敢于负责的人，面对领导授予的权力，不骄不躁，犯了错误，主动承担责任。如今，这种能够对自己的权力和工作负责的员工才是企业所需要的，但并非人人都能做到这一点。

企业越大，需要的员工就越多，公司组织也就越庞大，管理者不可能凭一己之力负责公司所有层面的事，这就需要给予下属一定的权力，让下属分担一部分责任，让下属帮助自己一起管理公司。对下属授权的重要前提条件就是公司要有健全的管理制度，每一项权力、每一份责任、每一个工作任务都具体到人，分配清楚，让每个员工都了解自己的工作职权和工作责任，从而对自己的权力负责。

如今对大多数企业来说，能进入公司决策层的员工，一般都是 35 岁之后的老员工，他们有了多年的工作经验和丰富的阅历后，才能够有资格参与公司的决策。不过某家公司却并不是如此。这家公司不需要员工在公司熬那么多年，只要有能力，任何员工都可以做管理层。

公司产品部的一位经理就是这样，他 28 岁时就开始参与公司的项目决策。他说自己刚刚进入公司的那几个月，就像处在一团乱麻中，斩不断，冲不破。无论什么工作，上级领导都不会手把手地指导他，他需要摸索着自己去沟通和处理，同时出了问题还需要自己承担责任。过了一段时间，他渐渐适应了公司的局面，并迅速成长起来。他喜欢上了这种拥有较大自主权的工作模式，同时深深地明白了权力和责任是相依相伴的。这家公司要的就是能够控制局面并迅速独当一面的员工。由于他行事果决、眼光长远，短短几年就成了公司的产品部经理。

从上述案例可以看出，这家公司的管理者给予了这位年轻经理权力，并给了他极大的发展空间，才能让这位经理大展拳脚，从而给公司带来效益；但同时也早早地让他明白了权力越大，责任也就越重的道理。

在公司授权制度完善的前提下，给予下属权力的同时，首先要告知下属，他们要为自己的权力负责。

那么对下属合理地授权有什么作用呢？最大的好处就是激励员工锐意进取，激发员工的最大潜力。

有这样一个案例。

一天，一位行销总监对两个行销员说："公司最近打算创建一本电子刊物，成立一个用户专享体验平台，你们两个来负责这个项目，现在根据自己的能力和特点，选择适合自己的那部分工作。"那两个人商量了一阵后，就根据各自的特长自行分配好了工作。总监看他们分配得挺合理，就让他们全权负责自己那部分工作，并给了他们针对这项工作的处理权和决定权，之后总监就不再时时过问他们这个项目的工作情况。

到现在，这两位员工建立的用户专享体验平台会员注册人数达上万人，公司创办的电子刊物购买量达 20 万份，并且他们每一年都会在世界的各个城市举办年会。当问到成功的原因，两位员工给出的答案是：因为总监给了他们自主处理工作的权力，并在工作过程中对他们高度信任，使他们有了责任感和进取心。

在上述案例中，行销总监给了下属充分的权力，使项目大获成功，给公司增加了效益。可见，下属有一定的权力，在他的职责范围内就可以自主决策，并灵活处理遇到的问题，这样下属就会明白自己要对这份工作负责，进而会增加他们的责任感和工作积极性。

有的人可能会发出这种疑问，让员工拥有自主权，公司的管理不就乱套了吗？

有一家企业实行的也是高度授权的管理模式。即便是刚进入企业的新员工，也不需要每天将自己的工作情况汇报给上司，当然也不用唯唯诺诺，看上司眼色行事。工作中，每个员工都有自主权。但是相应的，他们也必须为自己的权力负责。因为要对自己的权力负责，所以这些员工都不会任意妄为。从整个公司来看，基层员工有再大的自主权，也是自己岗位的那一小部分，归根结底，还是由公司管理约束。因此，虽然每个员工都拥有自主权，但公司并不会出现失控或混乱的局面。

　　由此可见，领导在员工职位范围内给予他们充分的权力，其益处是显而易见的，但前提是要让员工对自己行使的权力负责。

大权抓手中，小权分部下

合理授权是领导者的必备技能。大家都明白，如今，面对科学、经济、人文等多方面协调发展的庞大管理体系，再聪明的领导也无法独揽一切。即便如此，在经营企业、对下属放权的时候仍然会出现各种问题，也就是说，领导者还没有深刻理解"大权抓手中，小权分下属"这句话的内涵。

王超是一家公司的部门经理，他一直认为自己对待部下很开明，给了他们充分发挥能力的空间。他每次给员工布置任务时都会说："这项工作你全权负责，自己看着处理，不用事事都跟我汇报，有结果了跟我说一声就行。"

王超这样的领导好不好？有好的一面。他给了下属充分的权力，让他们独自负责一个项目，并极其信任他们。因此，在他这样的管理模式下，员工们可以无拘无束地工作，不会有压迫感，甚至可以大展拳脚，自主决策。

王超这样做也有不利的一面。面对他这样的安排，他的下属想的是：老板只要个结果，而且他交代得这么随意，这项工作应该不重要。我随便做做就好，反正老板也不重视。

试想一下，员工抱着这种想法去做这项工作，怎么会做得好呢？

从王超的案例中，我们应该明白一个道理：不负责任地随意放权，不仅不能发挥授权管理模式的作用，提高公司工作效率，激发员工潜力，带动企业发展，还会适得其反，甚至可能给公司造成难以估量的损失。

对下属合理地授权是经营企业不可缺少的一环，对企业的发展至关重要。好比一座大水坝，需要经常开闸泄洪，否则会积存大量洪水，把水坝冲垮；如果闸门一直开着，那么水坝也就没有存在的意义了。

领导者就是公司的闸门，在放权时一定要谨慎。放权得当，就能使企业内部工作有条不紊地进行，推动企业发展，还会为企业培养出新的有才能的领导者；如果放权不得当，乱授权职，所造成的后果与不懂授权一样严重，不但会让企业内部出现混乱，还会给公司造成巨大的损失。

因此，领导者一定要掌握好授权的范围和力度，将大权握在自己手中。

在上面的故事中，王超很信任自己的下属，对企业管理来说，这一点非常难得。"用人不疑，疑人不用"，这是领导者必须具备的素质。但是，分配工作时，可以换一种方式。他可以把这项工作的生产计划交给下属，并且说话不能太过随意，可以告诉他们：你来负责这个生产计划的实施。人员分工、原料运输以及市场推广全部由你来安排。在执行期间，你要定期向我汇报进度，遇到难题也要给我汇报。如果你能解决，我会让你自行处理；如果解决不了，我会帮你想办法。总之，希望你能出色地完成这项工作。

这样交代任务，这项工作又怎么可能做不好呢？下属手中有了适度的权力，不仅可以在职责范围内大展拳脚，还会有被信任之感，从而更加努力和认真。而大权还是掌握在领导者手中，他可以对工作进行整体把控，从全局把握工作方向和进度，出现问题时也能及时补救。

作为领导者，要懂得"视能授权"，即以员工的能力大小作为是否授权的依据，从而选出与这项任务高度匹配的下属。

当员工因为你的授权而兴奋时，你的授权任务已经成功了一半。

但是千万不要就此放松，放权之后应该慎重。放权，并不是推卸责任，更不是把这项工作的全部内容都交给下属去完成，自己则"两耳不闻窗外事"，享受轻松自在。在大权方面，一定要注意不能轻易授权，而是要紧握在自己手中。比如，制订公司发展计划、做出财务规划等有关公司全局的问题，都不可授权。

这就跟古代皇帝一样，他有众多臣子，手下每个人手中都有权力，这样可以帮助自己治理国家，但自己手中一定要紧握能撼动国本的大权。因为倘若这类大权被奸佞小人掌控，很可能会动摇国之根本，引发社会动荡，甚至导致皇帝丢掉帝位。

总之，领导者要把权力合理地授予下属，并给予充分的信任，让他们在自己的职位领域内尽情发挥，这是用人的基本策略。但不管怎么放权，必须清楚一点：自己一定要抓好大权。这并非是不信任下属，而是经营企业的绝招。

别让下属过分依赖你

有一群小鸽子到了该练习飞行的时候，但天空中总有老鹰盘旋，它们很害怕，不敢出去。院子里有一条热心的大狼狗，它抬头看了一眼老鹰后，神气地对小鸽子们说："放心，我在这儿呢，它们不敢飞过来，你们不用紧张，安心待着就行。"

小鸽子们听到这话后开心极了，完全忘记了练习飞行这件事，每天都安逸地待在院子里。

随着时间的流逝，小鸽子们渐渐长大了。一天，大狼狗被主人带了出去，那几只老鹰找准时机，突然冲过来。鸽子们被这一幕吓蒙了，等反应过来后开始拼命逃窜，但此时它们才突然意识到一个很严重的问题：由于缺乏练习，它们的行动非常迟缓。

结果可想而知，它们最终沦为那几只老鹰的午餐。

因此，完全依赖外物是很危险的，无论何时，自己的能力都是最重要的。

在企业管理过程中，有的管理者喜欢保护下属。刚开始这样做也无可厚非，因为下属刚进入职场或新的领域时，比较弱小，无法独自承担重任，需要管理者对其进行适当地保护，但一定要把握好保护的度：保护不够，他们也许就会被不断发展的市场所淘汰；如果对他们保护太过，会增强他们的依赖性，让他们变成前文中的"小鸽子"，永远停留在最初的弱者时期。

我们可以查询一下词典上，依赖别人指的就是：依靠他人而不能自立或自给，从而丧失自我主宰的能力。这是一个非常严重的问题，因为长此以往，人就无法形成独立的人格。每次遇到问题，自己不想办法解决，总是习惯性依靠他人，很容易迷失自我。

小何大学学的是机械设计，去公司应聘的时候，他凭借自己大学四年优秀的专业成绩和众多比赛的获奖证书，顺利地进入一家大型机械制造公司做助理工程师。

这个岗位的福利待遇很不错，与小何的职业规划也很符合，因此他很珍惜这个岗位。他认真工作，主管交给他的任务他都会好好完成。他渐渐发现，公司里比自己认真、比自己优秀的同事比比皆是，每个人都在努力前进。

他开始慌张起来，认为其他同事都比自己优秀，自己随时面临被淘汰的危险。慢慢地，他越来越没有自信，刚进入公司时的激情消失得无影无踪，每天只有担心、忧愁和惶恐。

令他感到欣慰的是，他的主管很照顾他。小何开始自我安慰，认为凡事只要依赖领导，只要服从命令，就万事大吉了。

此后，小何不再像以前那样积极主动，而是完全依赖主管。

每天等着主管给自己布置工作，遇到棘手的问题，第一反应就是去找主管。

这样的日子没过多久，主管就跳槽去了其他公司。主管走后，小何瞬间没了主心骨，什么工作都做不好。小何这才意识到，自己这段时间除了事事依靠主管，什么都没学会，一点儿独立工作的经验和能力都没有。

他恍然大悟，在竞争激烈的职场中，如果一直像他这样依赖上司，就永远成为不会飞的鸽子。

领导是下属的主心骨。很多员工在刚进入一家公司时，都会经历一个手忙脚乱、无所适从的阶段，这个时候就很容易对领导产生依赖。这本来也无可厚非，长此以往，他们会习惯性地把领导当作避风港，再也难以成长。

这样一来，大大小小的事情都得由领导处理，领导的工作会更加繁重；员工则停滞不前，甚至工作能力退化。这样公司的发展怎能不受到影响？

为了让员工都能得到锻炼，企业能良性发展，领导一定要控制好保护下属的尺度。下属当然可以依赖你，但作为领导，你要做的不是跟在员工后面收拾烂摊子，而是教他们处理问题的方法，分享工作经验，告诉他们努力的方向，然后给他们足够的发挥空间。这样他们就不至于像无头苍蝇一样乱撞，而是可以朝着目标稳步前进。这不仅是对员工个人负责，更是对团队、公司负责。

第五章

核心人才留不住，企业如何走得远

- ◆ 管理者最重要的任务之一
    ——留住核心人才
- ◆ 敢于给员工提供发展的平台
- ◆ 关键员工要辞职，怎么办
- ◆ 留住了员工的心，也就留住了员工的人

管理者最重要的任务之一——留住核心人才

纵观历史你会发现，有所作为的君主身边总有贤臣辅佐。周武王能够灭掉商纣，并奠定周朝稳固的统治，离不开立下汗马功劳的姜子牙；刘备能够从地位低下的"贩履者"跃升为一代霸主，离不开诸葛亮的鼎力相助。

商场如战场。在暗藏杀机的商场上，留住核心人才同样至关重要。

提起大名鼎鼎的韦尔奇，相信大家都不陌生。他之所以闻名世界不仅是因为他是知名企业通用电气的第八任总裁，更是因为他是这家企业历史上最年轻的总裁。从入职通用电气公司成为一名最基层的员工，到成长为总裁，韦尔奇仅仅用了 8 年时间。很多人不知道的是，这中间有个"小插曲"，在入职通用电气一年后，韦尔奇差点儿卷铺盖走人。

那么，他为什么要辞职？又为什么会留下来呢？

原来，韦尔奇入职通用电气时，已经是一名博士。进入塑胶部后，他的聪明才智很快便展现了出来。没用多长时间，他就研发出一种名为 PPO 的材料。这种新型材料在市场上大受欢迎，使他声名鹊起，成为众多猎头公司的目标。恰在这时，韦尔奇对通用电气内部的一些事情产生不满，其中最突出的就是自己的薪水问题。有一家向他抛出橄榄枝的公司提出可以给到比现在高两倍的薪水，这让韦尔奇动了心。

接下来，就看通用电气的领导如何稳住核心人才了。

正当韦尔奇将要下决心离开通用电气时，公司副总裁加托夫碰巧来考察。加托夫得到消息后，放下手头所有的工作，第一时间找到韦尔奇，许诺给韦尔奇高出之前三倍的薪水，而且答应委以重任，让他有大展拳脚的机会。

加托夫为什么要不惜代价留下韦尔奇呢？因为他懂得核心人才的重要性。他明白：如果这位读博士时就小有名气、现在又创下佳绩的人才离开通用电气，那不仅意味着塑胶部会损失一位人才，整个通用电气都将面临一位强有力的竞争对手的挑战。

事实证明，加托夫的决定太明智了，他不仅留住了韦尔奇，还让韦尔奇在随后的 40 年里兢兢业业地为通用电气效力，更是将通用电气直接带入了世界 500 强企业的行列。

一家企业在实际运作中，绝大多数员工所从事的都是简单、机械、重复的劳动，而从事关键性工作的往往是极少数核心人才。他们人数虽少，但在企业的发展中承担着项目决策、市场开拓等重要职责，直接影响着企业大多数员工的工作走向。正因为如此，核心人才的流失是企业难以承受之痛。

从这个意义上来说，核心人才是企业发展最为重要的战略资源。因为企业发展的速度、能够跨越的重任都系于核心人才身上，所以稳住他们是企业领导者最重要的职责之一。

作为企业的领导者，要从思想深处认识到留住核心人才的重要意义。虽然他们在企业员工总人数中所占比例很小，但都是能够以一当十的精英，肩负着企业发展的重任。因此，企业的一切业务都要围绕核心人才来开展。留住他们的心，发挥他们的作用，整个企业才能长久、顺利地发展下去。

利润是企业赖以生存的根本，领导者固然要重视，但是，把控好改革与发展，企业才能走得更远，而核心人才恰巧是与这些紧密相连的。一旦核心人才流失，将严重延缓企业的发展进程，所以，领导者一定要重视核心人才，切实地将他们维护好，让他们安心地为企业发展效力。

企业能否成为所在领域的翘楚，甚至能否安稳地生存下去，都在于那些少数的核心人才。常言道："千军易得，一将难求"，说的正是这个道理。

既然核心人才这么重要，那么，到底应该怎样稳住他们的心呢？

1. 不要忽视员工的抱怨

成功的领导者往往不会忽视员工的抱怨，一般来说，这些抱怨的背后都隐藏着企业自身的问题。领导者不仅要高度重视这些抱怨，更要积极回应，让员工看到企业正在采取行动解决企业自身的问题，从而赢得员工的信任，提高员工对企业的归属感。

2. 科学的晋升机制至关重要

没有员工是不想拿高薪的，因此，加薪是激励员工的不二法宝。但是，这绝不能否定其他激励方式的重要性。特别是对于优秀员工来说，除了加薪，给予及时的晋升，体现企业对员工的认可与肯定，同样不可或缺。因此，一旦有晋升的好机会，要尽可能地留给核心人才，这样，核心人才才能在科学晋升机制的激励下不断为企业发展献策出力。

总之，企业的领导者首先要有稳住核心人才的思想认识，并能采取合理的方式、方法。唯有如此，才能将"精兵强将"留下来，使之为企业的发展和壮大发挥关键作用。

敢于给员工提供发展的平台

　　一个合格的企业管理者，要清楚地了解员工心中的期望，只有这样，企业才能为员工提供良好的发展平台。如此，员工的才能才会得到充分发挥，企业才会得到发展。

　　有一名电气工程师，她在一家大型企业工作了很多年，虽然这家企业很有发展前景，但是她并没有因此而干劲十足，反而对自己的工作越发感到厌倦。于是，她决定离职。

　　其实对于这家企业而言，一名电气工程师的离职并没有太大影响。不过，她递交的辞职报告还是引起了主管的思考。主管意识到企业目前可能存在问题。经过交谈，挽留无果后，主管希望这名电气工程师能将离职的具体原因坦诚相告。由于就要离职了，这名电气工程师也就无所顾忌了，她认认真真地列出了企业的很多问题，并表明辞职的主要原因就是企业没有给员工提供好的发展空间。虽然企业整体实力雄厚，但是对于设计师、工程师的约束太大，这些无形的枷锁将大家牢牢捆住，使得研发人员很难在工作上大展拳脚，如果这种现象一直存在，那么企业很难在技术层面有所突破。

了解原因后，主管把这些问题以问卷调查的形式整理了出来，并将其发给了每一位工程师。很快主管就得到了反馈，结果跟那名离职人员说的吻合，大家都认为企业约束太大。这正是企业的问题所在。

很多时候，一个员工是否愿意在一家企业长久任职，并不只是看重工资福利等基本物质条件，他们更看重这个岗位是否能提供足够的发展空间，是否可以让自己的工作能力得到提升。因此，作为领导，要想留住优秀的员工，就要给予他们独立的发挥空间，尤其在专业领域，要给予他们足够的自由，使员工拥有工作自主权。只有这样，员工才会冲破条条框框，在工作上大显神通。

如今，越来越多的人找工作不再只看眼前的物质条件。一个志向远大的人，不会被当下优厚的利益诱惑，他们往往有长远的眼光，会更加重视这家企业是否有良好的发展前景，以及自己应聘的岗位是否有足够的发展空间。只有感受到了光明、美好的未来，他们才会留在企业。

因此，企业要想留住优秀的员工，除了制定合理的薪酬制度之外，还要尽可能地给员工提供一个发展平台，使其能够充分发挥自己的才能。那么具体该如何提供这个平台呢？首先就是充分信任员工、认可员工，这种肯定会让员工的工作热情更为高涨。其次，还可以通过以下几个方面来扩大员工的发展平台，从而为企业留住人才。

1. 鼓励员工表达自己的想法

一般来说，领导总是比下属更有发言权。因此，有的团队开会或是讨论，领导通常都是滔滔不绝，而员工则只管记录、全盘接受领导的想法和要求。由此可见，领导如果想为员工提供良好的发展平台，必须了解员工是如何想的。

作为领导，给员工搭建发展平台时不妨使用逆向思维，追本溯源，通过鼓励员工在工作中畅所欲言，去了解他们的内心想法，进而有针对性地给他们提供发展空间。同时，此举也可以帮助你时刻掌握员工的想法，一旦提前察觉员工想要离职，就可以及早采取措施。另外，让员工积极发言能够使他们有被认同的感觉，从而避免他们因为不被重视而离职。

2. 遇到问题不要大包大揽

领导在工作中要真正信任员工。如果员工在工作上遇到了比较棘手的问题，作为上司，如何帮助他们解决问题显得特别重要。

一般情况下，即使领导友好、亲和地告诉员工解决方法，在他们看来也是一种指责。虽然员工会按照领导所说的去做，但是内心未必真的信服，甚至会觉得领导不信任自己。因此，遇到这种情况，与其直接告诉员工怎么做，不如给员工机会，让员工自己试着解决，作为领导，可以在旁边给予指导和建议，这样会使员工产生被信任感，激发员工的工作热情。同时还能增强领导同员工之间的交流，以后再出现问题的时候，员工就会积极主动地向领导请教，与领导讨论，也就不会发生员工突然离职的情况了。

3. 试着将权力和责任分给员工

一个优秀的领导不会自己解决企业中所有的事情，他是决策者，而员工是他的左右手，也就是执行者。领导只需要说出工作的目标，剩下的任务应交给员工来完成。

领导没有必要事事亲力亲为，试着给员工适度的权力，让员工能够自己解决职责范围内的问题。这不仅可以锻炼员工的能力，让员工有被信任感，同时，可以让员工在处理问题时自由发挥，从而找到自己职业的发展方向，对工作充满激情。如此一来，员工也就不会因为无趣、倦怠而选择离职。

对员工来说，物质条件只是努力工作的一方面，他们更看重的是心灵上的满足。作为领导，要时刻关注员工的动向，尽可能地为员工提供充足的发展空间，只有这样才能留住人才，让优秀的员工同企业共同发展。

关键员工要辞职，怎么办

现如今，市场竞争异常激烈，在这种情况下，一家企业的关键员工就成了香饽饽，是竞争对手争夺的对象。

所谓关键员工，顾名思义，就是不可或缺的员工，他们在企业管理与发展过程中起着关键作用。他们可能是参与企业决策的中高层管理人员，也可能是掌握产品技术的研究设计人员，或者是手握大量客户资源的一线销售人员，甚至是工厂中拥有特殊技能的蓝领工人等。关键员工的离职势必引起企业的震荡，有时甚至能影响整个企业的运转。

而因为生活的压力、随处可见的招聘广告以及频频出击的猎头等原因，致使本来稳定性较强的关键员工也按捺不住，纷纷跳槽。

关键员工的突然离职，对领导而言就像是当头一棒。谁的能力可以和他相当？他负责的工作如何进行？在慌乱之前，领导应该先了解清楚员工辞职的原因。

领导在与员工沟通时，应提前做好以下准备。首先，选出适合的领导；其次，要选择合适的时间和地点，这样做主要是为了对此次谈话保密，从而使关键员工有机会改变主意；最后，要提前搞清楚关键员工辞职的原因，并针对不同的原因制订出不同的谈话策略，从而尽可能地挽留员工。

在沟通过程中，领导要真诚以待。第一次沟通时，主要考虑员工的感受，站在员工的立场想问题，以询问为主，尽可能详细地了解员工辞职的原因。第二次沟通前，公司要对关键员工进行人才价值评估，核算出其能为公司带来的经济效益，以及招聘与其能力相当的人员所需要的成本，进而计算出公司要留住该员工所要付出的成本。第二次沟通时，沟通者便可从企业利益出发，以陈述为主，详细说明该员工在企业的重要地位，以及企业对该员工的重视程度，同时表明企业想要留住他的决心及愿意付出的代价。

谈话结束后，领导应该仔细分析该员工在谈话中给出的信息，并以此为根据，拟订挽留方案。挽留方案应该足够有针对性，要"直击要害"，从根本上解决问题。领导要根据关键员工给出的辞职理由，进行有针对性的说服。要将员工的理由一一攻克，让其认识到他对企业的看法存在误解，并且这个误解主要是由企业造成的。同时，表明企业会认真考虑他提出的企业存在的问题，并会积极地改进。

另外，请一些重要的企业管理人员和他一起进餐，是表明企业挽留他的诚意的不错方式。

能否留住要辞职的关键员工，主要取决于两点：第一点是关键员工自己的想法和职业规划；第二点是促使其辞职的根本原因。其中有些员工经过领导的说服可能会留下来，而另外一些则很难将其留住。

容易挽留的关键员工有以下几个显著的特点。

1. 喜欢安稳的工作环境

他们喜欢按部就班地工作，对工资、职位升迁等没有过分的要求。相比于工作本身，他们更注重自己的人际关系，希望能和同事们融洽相处。这类关键员工如果要辞职，很可能是因为在某些事情中受了委屈。

2. 有进取心和行动性，能够坦诚直言

这类员工对自己的专业学习或工作经验的积累非常看重，善于思考，注重学习和研究，希望自己能在行业中有所建树。他们辞职的原因多半是公司没有提供好的发展平台，他们的才能和抱负无处施展，或者上司过多地插手他们的工作。

3. 感性大于理性，容易情绪化

这类员工很看重工作氛围，强调工作中与同事的相处及合作关系，遇到事情容易感情用事。在工作中受到委屈也是这类

员工辞职的一大要素。

不容易挽留的关键员工通常有以下几个特征。

1. 喜欢追求成就感，有很强的独立性

他们内心特别渴望成功，享受自由闯荡、开疆拓土的感觉。这类人辞职的原因有很多，比如工资低、没有发展空间、工作没有挑战性等。

2. 个人主义色彩比较强烈

这类人喜欢冒险，并且越挫越勇。他们的个人色彩很强烈，会经常与上级发生矛盾，对公司管理有独到的看法。这类员工辞职的原因很有可能是对上级或公司管理现状不满。

3. 有很强的责任心

这类员工在岗位上往往忠于职守、尽心尽力，并且有强烈的团队认同感。他们做事情处处为公司着想，严格遵守企业的规章制度和工作流程。这类员工辞职可能是认为公司太无情、太苛刻，进而生出了强烈的失望情绪。

提出离职的关键员工是上述哪一种类型，不是那么容易就判断出来的，领导还要通过自己的经验来识别。如果领导能够对要辞职的关键员工的性格做出判断，就可以有的放矢地进行说服和挽留，不浪费时间，也能极大地减少公司的人才流失。但比起"亡羊补牢"，"防微杜渐"更为重要。公司要想留住

关键员工，领导在平时管理中要对员工用心，及时发现公司存在的问题，并想方设法改进。只有公司和领导用心对待，才能最大程度的留住关键员工。

留住了员工的心，也就留住了员工的人

　　餐饮行业的员工流动性向来较大，这自然影响了很多餐厅的发展。餐厅老板们对此愁眉不展，却并无良策。

　　孙淼经营着一家快餐店，十几年来，几乎没有员工因为餐厅制度、同事矛盾等问题跳槽。

　　众所周知，餐饮行业与其他行业最大的不同是工作时间较长，工作辛苦。孙淼明白，在这样的情况下，管理务必要人性化，要注重和员工之间的情感沟通，通过"留心"来留人。为此，他做了以下努力。

1. 制定独特的薪资制度

　　孙淼制定了一个很特别的薪资制度，即如果本月工作做满7天，就可以领取半个月的工资；如果本月工作满15天，就可以领取整个月的工资。这个制度从开始实行到现在，没有一位员工用到它。大家辛苦工作，都是为了挣钱，谁也不想被扣工资。而孙淼的这个制度极其人性化，让员工感受到了温暖，因此员工们都心甘情愿地工作，谁也不会无故缺勤。

2. 制定合理的休假制度

餐饮行业的特别之处在于，别人休闲娱乐的时候正是他们最忙的时候，每逢节假日尤其如此。在此期间，很多餐厅甚至要一天24小时营业，员工连吃饭睡觉的时间都不固定，更别提休假过节了。面对这样的情况，孙淼明确规定，不论什么时间，所有员工每个月都有5天的正常休息时间，除此之外，在生意淡季的时候，员工还可享受15天的年假。对于在春节期间工作的员工，孙淼会在节后让他们休息15天，以此作为他们的工作奖励。这样的制度使得员工的工作积极性大大提高。

3. 给员工家人般的关怀

孙淼很关心员工的生活，注重与员工之间的沟通交流。考虑到大城市租房成本高、变动大，他为员工提供宿舍，并鼓励大家一起做饭、一起吃饭。员工两人一组，每天轮流做饭。在他看来，这样不仅能保证食品安全，还能让大家充分交流，并且学会互相包容。经过长时间的相处，员工的感情越来越融洽，也就不会因为与上司、同事发生矛盾或在工作中受到委屈等原因离职了。

孙淼将快餐店经营得有声有色的重要原因就是他用诚心紧紧地抓住了员工的心，与员工像家人、朋友一样相处，处处为员工考虑。留下员工的人并不值得吹嘘，能留住员工的心才真是技高一筹。

如今，人们的生活压力越来越大，很多人为了工作而工作，工作效率自然低下，长此以往，他们必定会有崩溃、放弃的一天。领导的任务，就是要让员工真心实意地留在企业，如果员工心系企业，那么自然不会轻易跳槽。企业要想发展，离不开关键人才的贡献，如何留住他们，是领导必须考虑的问题。从长远来看，领导要将重点放在留住员工的心上，而不是单单将人留住。

某知名电商平台创始人就很明白"留人先留心"的道理。他知道，对于员工来说，只有满意的薪水和不错的工作环境是不够的，能否在工作中获得快乐是员工更为看重的。

一位领导能否管理好团队，取决于他是否深得民心。我们常说"得民心者得天下"，这对企业管理来说亦是如此。一家企业最大的资产不是客户订单，不是产业投资，而是员工。如果无法留住员工的心，那么这家企业的发展将举步维艰。

只有了解员工的需求，才能有的放矢地为员工提供适合的发展平台。员工选择进入企业的原因有很多，可能是迫于生存压力，也可能是想实现自我价值，等等。如果员工在企业找到了发展目标，那么就会留在企业踏实工作；如果企业无法满足他的需求，那么员工自然要离职、跳槽。因此，领导首先要了解员工的想法，才能有针对性地制订策略，进而留住员工的心。那么具体该如何操作呢？

1. 注重福利待遇的制定

福利待遇是一家企业最能吸引员工的部分之一。虽然我们强调工作要谋发展，要有自我价值的实现，但前提是生活要有保障。因此在福利待遇方面，领导要特别用心，这也是员工对一家企业最先关注的部分。

除了工资，福利待遇还包括很多其他内容，比如保险、奖金等。在这方面，惠普公司就做得非常到位，他们不仅有诸多生活福利和补贴，平时还有免费的下午茶。惠普公司的福利待遇最大的特色是他们的现金分红制度和股票购买制度。他们规定，员工只要入职超过半年，就可以享受现金分红，而对于工作超过 10 年的员工，企业会赠送其股票。

2. 将员工和企业紧密联系在一起

没有人会比员工更在乎自己的利益了，想要员工一直诚心为企业效力，那么最好的做法就是将员工的利益与企业的利益紧密联系在一起。当然，光说是没有用的，领导可以通过制定一些激励机制，将二者联系起来，这样员工就会有共生意识，从而更加努力地工作。

在这方面，杜邦集团就做得很好。在杜邦，领导鼓励所有员工购买企业的股票，因此，持有企业股票不仅仅是中高层管理人员的特权，几乎每一位员工都持有企业股票。另外，企业每年会将额外的股息分配给员工。让员工持有企业股票，就将企业的发展与员工利益直接挂钩，二者成了命运共同体，"一荣俱荣，一损俱损"。如此一来，员工为了自身的利益，就会更加努力工作。同时此举也让员工有了主人翁意识，因此员工在工作中会更有干劲儿，自然也能够长久地留在企业。

3. 要让员工感受到被信任

俗话说："士为知己者死"，如果领导能够让员工感觉到被信任、被认可、被重视，那么他们就会拿出更高的热情为企业工作。

4. 制定合理的晋升机制

员工在工作中渴望实现自我价值，因此，领导要及时发现员工在工作中取得的成绩，并给他提供一个更高的职位，那么员工有什么理由跳槽呢？因此合理的晋升机制也是留住员工的重要条件，及时对员工进行评定和提拔，可以很好地激发员工的斗志。

只要公司的管理者能换位思考，站在员工的角度，真心地去理解员工，何愁不能以心换心，何愁不能留住人才呢？

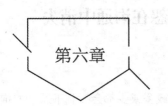

第六章

说话入心，穿透看不见的"墙"

◆ 让员工的抱怨在沟通中消失

◆ 了解下属的想法，投其所好来沟通

◆ 善于倾听，让员工打开话匣子

◆ 站在对方立场，沟通自然顺畅

让员工的抱怨在沟通中消失

作为领导，或多或少都会听到下属们的抱怨。面对毫无道理的牢骚，领导可以一笑置之，但是如果员工的抱怨有一定道理，那么就不能忽视了。

小李是一所学校实验室的技术人员，负责实验室的管理工作。年度评级时，小李没有评上"优秀"，心里有很大怨气，就去找校长理论："在这一年里，我从来没有过缺勤。只要在工作日，不管刮风下雨，我都准点上班，无一例外。我还把实验室打理得井井有条，为教师准备实验器材也从未出现过纰漏，可我为什么没有被评为'优秀'？"

对此，钱校长没有任何不悦，而是耐心地和小李进行了沟通："你说得都对，这方面你确实尽职尽责，根据学校的制度，你有资格领取满勤奖金和技术员的岗位津贴。"

小李听后更加不解："那学校为什么不把我评为'优秀'呢？"

钱校长继续说道："但是，你是实验室的专业技术人员，平时出勤情况和日常工作不是学校评选优秀的唯一考量，在技术领域和专业理论上的心得也是重要依据。评上'优秀'的几位技术人员，在这方面都做得很好。如果接下来你能提高一下专业能力，我认为评上'优秀'对你来说不是难事。"听完钱校长的这番话，小李心服口服。

领导面对下属的抱怨，不要自动过滤，也不要认为它是一种幼稚和愚蠢的表现。通常来说，员工不会因为有怨气和不满就直接辞职，但是在无人听取自己的抱怨或自己的诉求得不到解决的情况下，员工就会产生动摇。因此，领导一定要认真对待员工的抱怨，拿出应有的耐心。

那么，领导具体要如何做呢？

1. 理解抱怨者的心态

领导总希望员工对自己言听计从，少说话，多做事；下属总想要领导不要管太多，给自己足够的发挥空间。这样一来，员工必然少不了抱怨。因此，领导要理解、接受抱怨者的心态，努力稳住员工。

2. 了解抱怨的客观原因

员工产生抱怨的原因有很多。比如，抱怨领导交给自己的任务比其他同事的难度大，抱怨总加班，等等。遇到这种情况，领导就要将实际情况给员工分析清楚。比如，给员工难度大的任务是想让其在实践中得到锻炼，提升能力；加班，是现在企业的一个项目出了一点儿问题，需要大家抓紧时间改进，情况特殊，希望大家理解；等等。

因此，当员工有抱怨的时候，领导要寻求客观原因并逐一分析，最后做出相应的举措和说明来回应员工。

3. 区分抱怨内容，处理时有的放矢

员工抱怨的内容分为两种，第一种是常规性抱怨，比如经常加班、工资低等，这一类抱怨无法消除，但同时也不激烈，通过有效的沟通和安抚就能缓解。第二种是突发性抱怨，此类抱怨都是相对比较严重的事情，领导要充分重视，一般是公司制度变化或者临时事件引起的，必须及时处理好。

4. 以平和的心态化解抱怨

在企业中，领导的态度对员工影响很大，遇到抱怨的员工，需要用平和的心态去和他们沟通，在交流中解决问题。人与人之间的尊重是相互的，这也是越来越多的企业都采用人性化管理方式的原因。通过倾听和交流，了解员工产生抱怨的原因，进而准确、快速地解决问题。

　　耐心是每位领导的必备素质。耐心能够化解领导和员工之间的矛盾，能使人与人之间和谐相处。耐心地对待他人，就是真心待人，只要员工能感受到领导的耐心，就一定会理解领导的良苦用心。

了解下属的想法，投其所好来沟通

我们日常所说的沟通技巧有很多种，投其所好是其中非常有效的一种。在管理中，有经验的领导在与员工沟通时，会先了解下属的想法，然后投其所好进行沟通。充分了解员工的工作习惯和状态，设计话题时就可以有的放矢，可以很好地拉近与下属的距离，为后续的沟通打下良好的基础。

通常来说，谈话时下属对上司是有顾虑的，这层顾虑就导致领导向下属了解内心想法和需求的时候，他们往往不敢说真话。领导应该明白，如果不能真正了解下属的需求，即使自己为他做了很多，也仍然达不到预期的效果。因此，领导要善于和员工沟通，了解他们心中真正的想法。

有一位特别好利的商人，非常喜欢别人跟他分享致富思路。但到了晚年，他忽然不再好利，而是变得好名，为什么会有这种转变，没有人清楚。有一个人日夜琢磨生财之道，自认为大有心得，就想方设法去见这位富商，然后提出了他的生财之计。结果这位富商听完之后，丝毫不为所动，只是淡淡地回了一句："我不想再发财了，现在只追求好名声。"那个人听后，大吃一惊，最后只好垂头丧气地回去了。

同样的道理，一个人好利也许就不求名，认为名是虚无缥缈的东西，劳心费心力求来，却没有任何用处。你要是对唯利是图的商人讲生财之道，他绝对会很感兴趣，对你虚心求教，你要是跟他探讨如何出名，他自然毫无兴趣、心不在焉。

那么如何才能知道员工的真实想法，从而做到有效沟通呢？不妨试试以下几种方法。

1. 委婉提问

如果想要了解下属的真实想法，不适合直截了当地去提问，尤其针对一些敏感问题，要用巧妙的方法去问，这里面有很多小技巧。比如可以在休息时间聊天，也可以在与下属进行工作交流时顺便询问。你会发现，与下属交谈时，方式的选择对于能否得到有价值的信息是非常重要的。在办公室与下属谈话，容易引起他们的戒备心，使他们感到紧张，说话自然会再三斟酌，给出的答案很可能是一些表面的客套话，或是他们认为是你想听到的回答。这样的结果就与自己的初衷背道而驰了。而如果是在工作之余随意发生的谈话，那么员工的心情会比较平静放松，说出的话就更有价值。

2. 学会倾听

在与员工交谈时，要做一名合格的倾听者。员工说话时认真倾听，事后仔细思考。当然，要想很好地聆听员工的想法，必须有耐心。

3. 启发对方多说话

谈话时鼓励员工自己谈自己，可以先以问答的形式启发对方开始谈话。在谈话过程中，要站在员工的角度，从对方利益出发，这样员工容易感同身受，进而了解员工真正需要什么。

4. 鼓励员工追求自我利益

使员工感觉自己很重要，是领导的成功所在。在工作中，多鼓励他们追求自我利益，并且尽可能地予以帮助。

5. 少谈自己

留出足够的空间让对方有机会说出他的想法，说出他需要什么。你的目的是了解他的想法，而不是聊天。

6. 避免争论

领导发起这次谈话只是想了解员工的想法，因此，即使对员工说的话并不认同，也不必当场反驳，更不要做无谓的争辩。

如此一来，领导必定能慢慢了解员工内心的真实想法，然后再投其所好，必然能达到沟通的目的。

善于倾听，让员工打开话匣子

对领导来说，倾听是最简单、最有效的了解员工内心需求的方法。我们常说"兼听则明"，因为很多时候，领导自己会"当局者迷"。做事情的时候犯下错误，想弥补的时候却为时晚矣，不仅损害了领导在员工心中的形象，也给公司造成损失。因此，领导要想更好地管理公司，就要广开言路，多倾听员工的意见和想法，这样才能让公司的发展越来越好。

有一家电子器材制造厂，员工的福利待遇很好，并且这家工厂还给员工设立了独立的生活区域和完善的娱乐区域。但是，工人们工作时仍没有积极性。

为了改变这种状况，厂方特地请来了几位专业人士。专家到来之后，开始与每个员工轮流谈话，耐心地倾听他们的想法和意见，包括对工厂管理层以及工厂各个方面的意见。在谈话过程中，大多数时间都是员工在说，专家们不发表意见，只是负责引导和聆听，让他们尽情地说出心中所想。倾听活动结束后，工人的积极性得到很大提高，工厂的效益有了大幅度提升。

　　事实上，领导在倾听过程中会发现很多自己平时没有注意到的问题，这样就可以防微杜渐，及时采取措施去处理，将隐患消灭在萌芽中，不至于酿成大祸。我们常说"三个臭皮匠赛过诸葛亮"，其实很多时候员工们的想法会胜过一位领导的想法。

　　当然，员工倾诉的内容包括很多方面，有的是对公司制度的不满，有的是与同事的矛盾。

　　很多时候，员工对领导或公司有意见，不是因为工作繁重等原因，而是认为领导不重视自己的意见。如果领导能倾听员工的想法和意见，便会给他们提供情绪的宣泄口。当员工发泄出自己的不满，内心需求得到重视时，就会感觉如释重负，工作起来轻松自如，没有杂念。

　　刘女士在一家公司担任市场部经理，她的下属欣欣是一个活泼开朗的女孩。同事们都把这个整天活力充沛、大大咧咧的女孩当成团队的开心果，因为她总能用自己高涨的情绪感染大家，给大家带来欢乐。但是最近几天，欣欣一反常态，每天上班心不在焉，情绪特别低落，上班后就闷闷不乐地坐在自己的工位上，跟谁也不说话。同事们跟她开玩笑，她也不大理会。

　　刘女士也注意到了这个变化，刚开始，她并没有在意，以为欣欣只是偶尔有点儿小情绪、可是好几天过去了，欣欣的情况不但没有好转，反而更严重了，甚至还和客户发生了冲突，被投诉到刘女士这里。

刘女士这才意识到，不能再让欣欣一直这样消沉下去，于是她决定和欣欣好好谈一谈。下班后，刘女士约了欣欣一起去吃饭。吃饭时，刘女士有意无意地问道："欣欣，最近是不是太累了？不管遇到什么事，都要照顾好自己。我看你最近情绪有点儿低落，是工作压力太大了吗？如果是工作问题，其实你可以向公司请假休息几天，调整调整状态。"然后刘女士不再多说，只是关心地看着欣欣。

刘女士的这些话让欣欣非常感动，接着，她就向刘女士倾诉了自己的烦恼。原来，欣欣是遇到了感情问题。一周前，她和自己交往 5 年的男朋友分手了。而在此之前，双方已经到了谈婚论嫁的地步。突然的分手对欣欣的打击非常大，她至今无法接受这个事实。这几天，她的情绪越来越糟糕，已经到了难以控制的地步。

在欣欣倾诉的过程中，刘女士没有讲任何话，一直静静地听着。欣欣说完之后，她也没有表达什么，而是轻轻地抱住了欣欣，这个温暖的拥抱让欣欣把憋在心里的委屈全都发泄了出来，她顿时放声大哭。哭过之后，欣欣告诉刘女士，自己心里舒服多了。接着刘女士提出了自己的想法：她建议欣欣请几天假，出去散散心，调整一下状态，尽快走出这个低谷期。

欣欣接纳了刘女士的建议并坚强地走出了感情的旋涡。对于那次饭桌上刘女士的倾听，欣欣更是十分感激，她在之后的工作中也有了更大的热情。

作为领导，要懂得倾听员工的诉求并及时采取措施，消除其内心的杂念，以便员工更热情地投入工作，为公司贡献力量。刘女士在处理欣欣的问题时，运用的就是倾听的方式。她没有摆自己的"官架子"，而是和员工以朋友的方式相处，通过倾听来了解其真实想法，然后及时采取恰当的解决方式，使员工进行合理的自我宣泄，自己把心态调整好。这样做，既帮助员工解决了问题，又赢得了员工的尊重，使其能够更加努力地工作。

对公司管理者来说，要与员工进行有效的沟通，并不是说自己要把内心的想法对员工和盘托出，而是要引导员工说出他对企业、对工作的真实看法。一个善于倾听员工心里话的管理者，就要在平时和员工谈话时认真耐心，并及时对谈话内容做出反馈。只有认真倾听下属的心声，才能了解员工的想法，进而避免自己盲目地开展管理工作。

谁都会有心情沮丧或心生怨气的时候，当心中郁结难解时，我们必定希望能有人来倾听自己的烦恼并安慰自己。这个时候，领导应该果断接下这个任务，使员工倍感温暖，从而更加信服领导，并会以更加饱满的热情投入到工作中，以更加出色的业绩回报领导的倾听和安慰。

站在对方的立场，沟通自然顺畅

很多领导在工作中不懂得站在员工的角度思考问题，习惯将自己的意见硬塞给员工，总认为自己的想法是最好的、最正确的。虽然领导的出发点是好的，但难免好心办坏事，最终得不到员工的认可。作为领导，当我们和员工商谈事情时，不要先给出结论，应先站在对方的角度仔细思考一下，主动询问对方的看法以及意见，而不是以自我为中心，说起话来滔滔不绝，最后强迫对方接受。

在与他人沟通时，从对方的立场讲话，才能让对方感受到你的用心和诚意，对方觉得心里舒坦了，便更容易接受你的意见，才能达到沟通的目的。

某机械制造公司要生产一批新机械产品，产品的部分零件由另外一家小型工厂进行制造，当该公司去这家小工厂检查零件质量时，发现所有的半成品都不符合该公司的要求。由于时间紧、任务重，该公司负责人要求其尽快重新制造，但小工厂负责人不同意，他认为零件是完全按公司给的图纸生产的，没有必要再重新制造，双方对此僵持不下。公司经理知道了情况后，便对小工厂的负责人说："我想应该是设计图纸有问题才导致发生这样的事情，还使你的工厂蒙受损失，实在抱歉。今天幸好有你们的协助，才让我们及时发现了这个问题。可事到如今，工作总要完成的，既然发现了这个不足，你们不如将它改进一下，这样对我们双方都好。"小工厂的负责人听后，欣然应允。

也许你有疑虑：站在对方的立场思考问题，说起来容易，做起来却很难。没错，这确实不易，但并非不可能。生活中很多人都选择站在对方的立场思考问题，因为他们知道，只有这样，谈话成功的可能性才大。真正高情商、善交流的人，是很善于站在他人的立场来谈论问题的，并且乐在其中。他们也不是一开始就能做好，而是从多次的沟通交流中吸取经验、总结教训，进而不断改进自己的谈话方式，培养自己站在他人角度看问题的习惯，最后才运用自如。因此，只要你用心，并不难做到。

站在员工的立场思考问题，会让你们之间产生共同语言，他的想法、他的决定，你都可以理解，在很多事情上，甚至会感同身受。

站在员工的立场上思考问题，可以起到事半功倍的效果。

要想做到这一点，了解对方的真实想法很重要，所谓"知己知彼，百战不殆"，唯有先知彼，方能有机会从对方的角度考虑问题。成功的交谈，有助于我们了解对方的真实需要，从而考虑双方需求，达到自己目的的同时帮助对方获得利益，达到双赢。

人们常说"理解万岁"，可见一个人能得到他人的理解是多么重要。如果领导肯站在员工的立场上为他说话，那必定会收获员工的真心。

第七章

适度激励，让员工激情燃烧

- ◆ "跟我来"而不是"给我上"
- ◆ 奖励也要七分饱
- ◆ 管理是艺术，激励讲原则
- ◆ 赞扬是激励下属的最佳方式
- ◆ 给员工制造一个意外惊喜

"跟我来" 而不是 "给我上"

　　一场大火席卷了整个森林，狼群被围困，头狼镇静地带领着狼群撤离，然而被眼前的一道悬崖拦住了去路，狼群陷入一片混乱之中。这道悬崖很宽，即使是头狼也无法成功跳跃过去。糟糕的是，悬崖中间没有任何支撑点，无法实现再次跳跃。

　　大火蔓延着，火势越来越凶猛，马上就要吞噬狼群了。在这千钧一发的时刻，头狼招集起几只老狼，窃窃私语了一会儿，然后向狼群喊道："大家火速分成两队，年轻力壮者一队，年老体弱者一队。之后如何做，我会给大家示范。"

　　狼群两两结成一对，头狼与另一只年轻力壮的狼一齐起跳。就在它们身体下沉的一刹那，头狼把身体垫在了那只年轻力壮的狼的脚下，后者利用这个支撑点成功地跳跃到了悬崖的对岸，头狼却跌进了万丈深渊。如此一来，一对接着一对，所有年轻力壮的狼都成功地抵达了悬崖的对岸。

　　生死关头，头狼镇定自若，绝处逢生，把责任扛在自己的肩上，最后不惜放弃生命让狼群得以延续下去。正是头狼的这种舍身的精神，使狼群心生敬佩，于是心甘情愿地服从头狼的领导，团结一心，共渡难关。

故事虽短，却耐人寻味：高瞻远瞩是管理者应该具备的能力，当困难、风险和失败来临之时，在员工茫然失措的关键时刻，管理者必须站出来喊一句"跟我来"；管理者的使命就是告诉员工接下来要做什么，该怎么做。

然而在实际工作中，管理者和员工共同解决某些棘手问题的时候，一些管理者总是习惯站在权力的制高点指挥员工做这做那，遇到困难只想着退避三舍，明哲保身，缺乏在紧要关头力挽狂澜的实力和勇气，把"烂摊子"丢给员工。当员工处理不好的时候又只会责怪员工的能力不足，却不知这样做的结果是：既不能调动员工的积极性，又让员工产生反感、埋怨等不良情绪。

确实如此，当一支队伍遭到重创时，想要重整旗鼓，一位有牺牲精神的领袖是必不可少的，他需要站在员工的前面，做出表率，高喊出"跟我来"，而不是居高临下地对员工高喊"给我上"。管理者只有以身作则，员工才能心生敬佩，自觉自愿地付出，这样才能带领员工齐心协力，克服困难，解决难题，走向胜利。

　　古希腊著名的哲学家和军事家色诺芬，26 岁时就驰骋在战场上。在一次战斗中，色诺芬领导的军队陷入敌人的前后夹击中，前有骁勇善战的土著人，后有穷追不舍的波斯人，军队进退两难。此时，迅速抢占制高点成为决定战争胜利的关键。

　　骑在马上的色诺芬，情绪激昂地激励着他的士兵："英勇的将士们！请你们提高速度！快一点儿，再快一点儿，更快一点儿！要坚信此时此刻的你们是在为希腊的荣誉而战斗，为你们最爱的家人而战斗！只要努力奋进，我们就会突出重围！"

　　就在这时，从军队里走出一名士兵，反驳道："色诺芬将军，您骑在战马上，当然轻松，我们却徒步行走，而且手里拿着笨重的盾牌，早已筋疲力尽，想要加快速度也无能为力啊。"

　　色诺芬听后，从马上一跃而下，接过这名士兵手里的盾牌，带领队伍徒步前行。

　　此时，全军鸦雀无声，没有士兵再说什么了，士兵们都斗志昂扬地向前进击，最终成功地夺取了制高点，顺利地抵达了底格里斯河边的广阔无垠的平原。

　　企业就是一个不可分割的整体，管理者的一言一行就像一个指南针，指南针指向哪里，员工就跟着走向哪里。危急关头管理者唯有身先士卒，才能让员工信服。色诺芬将军的做法是值得所有企业管理者深思和学习的。

假如你还纠结于如何管理，那么答案可能在下面三个问题中。

困难来临时，我是选择躲避，还是选择面对？

风险来临时，我是选择逃跑，还是选择挑战？

失败来临时，我是选择怪罪他人，还是选择自己承担起责任？

你是否能够成为一名优秀的管理者，是否能够更好地挖掘员工的潜在动力，就在于你此时此刻的抉择。

记得有一位哲学家说过："人的一生中，应该把勇于承担责任排在首位。责任是使命也是动力，一个对事业兢兢业业，并且有高度责任感的人，才能产生使命感和动力，才能出色地完成本职工作，才能担当重任。"

简而言之，紧急关头的"跟我来"是一种不怕牺牲的精神，是一种敢于承担责任的表现。

奖励也要七分饱

随着社会的发展，管理者面临着越来越多的变化和挑战：管理理念的瞬息万变，"满足员工需要，要引领不要遏制"的观点越来越被社会推崇，等等。大概是为了对以往陈旧的管理理念进行补救，很多管理者会对员工的种种需求有求必应，以求能够调动员工的内在动力。于是，物质奖励、精神奖励接踵而来，管理者唯恐员工的需求得不到满足，甚至别出心裁地推出各种福利。

但物极则反是亘古不变的真理。过度奖励的结果往往使员工产生倦怠的情绪。如果管理者不知变通，只会用给出奖励这一种方式对员工的工作表示认同，结果往往达不到管理者想要的效果。奖励只是管理者提高员工积极性的众多方法之一，不要指望它能解决所有的激励问题。从另一方面看，奖励更像是一剂药物，治疗疾病的同时也有其副作用，所以不可无节制地奖励。

1. 管理者要慎重增加奖励手段

有些喜欢独树一帜的管理者，对传统的奖励手段比如赞扬、加工资、发奖金和升职等方式不屑一顾，觉得它们太过老套，认为只要看到值得奖励的人和事就可以进行奖励，手段可以不拘一格。这样一来就会出现很多管理者临时想出来的奖励。这些奖励未经深思，以前也没试验过是否有效，真正实行起来可能反而不利于提高员工的积极性。比如，奖励公司卖剩的产品，还有另外设立多种奖金名目等。这些做法会让员工不再积极地卖公司的产品，也会让奖励的制度观念含混不清，让员工以为只要打着奖励的名义，就能够明目张胆地侵占公司的利益。更令人头疼的是，这会使员工变得贪得无厌，想要对公司索取更多。如果公司拒绝他们的请求，他们就会产生公司亏欠了自己的情绪，心中对公司产生芥蒂。

肯德基于 1987 年进驻北京。当时店里明确规定：每天营业结束后，剩余的食品当天就要处理掉，第二天要重新做。可是因为肯德基的食品售价很高，普通人家很难消费得起。所以，每天未卖完的食品堆积成山。有人提议，与其把这么多昂贵的美味处理掉，还不如让管理者把它们奖励给优秀员工。但这一提议遭到肯德基管理者的拒绝，他说："对于优秀员工，我更乐意支付给他们额外的奖金。如果像提议的那样，员工可能为了下班能带走更多的食物，在每天营业结束之前做出更多的食物，而且不希望它们卖出去。这样整个公司就遭殃了。"

这位管理者的做法太明智了，他心里明白，有利于公司的奖励是什么，对公司有害的奖励又是什么。拿捏好这个尺度，是使奖励手段产生作用的前提。

2. 管理者不能过度奖励员工

少数管理者一看到员工做出了成绩，就迫不及待地又是口头表扬，又是派发奖金，又是升职重用，唯恐怠慢了员工，打击了他们的积极性。但是，如此奖励，看似光芒四射，荣耀无比，领导、员工各取所需；事实上，管理者可能奖励过度，员工也会变得骄傲自满，或者想要得到更多。等他再取得这样的成绩，或是其他员工也取得了类似的成绩，他们就会希望管理者像上次一样，给予同样规格的奖励，不然就会觉得不公平，从而心生埋怨，失去了工作热情。

管理者必须明白，员工取得成果的同时也消耗了公司大量的财力、物力，还有将成果转化为效益所需要的成本也是一笔不小的费用，所以奖励的规模不宜过大。

例如，某公司一位职员争取到一个 3 万元的单子，完成这个交易后，管理者承诺发给职员 3000 元的奖金，还给他 1000元的提成。这样一来，公司几乎不盈利。公司盈利少，效益就差；公司效益差，员工收入自然下降。这样的超额奖励，从长远角度来看，对公司和员工都没有好处。如果再有职员争取到类似业务，如果管理者不给予同样的奖励规格，职员恐怕不会答应。职员在意的是眼前利益，统筹全局的管理者却不能不考虑公司的长远利益。

奖励就像吃补品一样，再昂贵的补品，吃太多也对身体无益。只有适量进补，对公司和员工来说才是"健康"的。一位员工，如果工作时总是想要得到奖励，就会导致欲望日益膨胀，长此以往，恐怕没有哪个管理者能满足于他。再有，满招损，谦受益，成绩的取得也离不开公司和同事们的帮助，不能以谦逊的态度去做事的员工，在个人能力上恐怕也难以有所提升。

如今大家都提倡养生，提倡吃饭只吃"七分饱"。这是因为吃太饱的话会加重肠胃的负担，造成消化不良，还会造成肥胖，影响寿命。其实，奖励的道理跟吃饭差不多，"七分饱"的奖励可以有效避免员工"吃撑了"，否则，就过犹不及，达不到预期的效果。

管理是艺术，激励讲原则

　　管理以调整人与人之间的关系为基础，以激励为核心。管理堪称一门艺术，激励是艺术中的精髓。有效激励员工是管理者必须掌握的技能，这其中务必要遵循一些原则。

1. 物质激励和精神激励相辅相成的原则

　　人的需求表现在物质需求与精神需求两个方面。因此，物质激励和精神激励结合起来才是合理的激励方式。员工最低层次的需要是物质需要，物质激励的作用是浅显的、表面的，激励作用是有限的。在社会飞速发展的今天，人员需求层次也相应提升，我们更应该重视员工较高层次需要，如人际关系和谐、自尊心得到满足、自我价值实现的需要。物质激励就像房屋的构架，是基础；精神激励是房屋的装修，是根本。最有效的激励，应从两者相互结合，慢慢地过渡到以精神激励为主。但注意避免两极化。实践表明，若偏重物质激励则形成金钱至上的思想，偏重精神激励又形成精神万能的思想，偏重哪一面都是不全面的、无益的。

2. 内在激励和外在激励相辅相成的原则

像报酬、奖品、福利等因素，属于外在激励因素，其能够满足员工衣食住行、安全和人际交往需要，可以消除员工的负面情绪，却难以从员工内心深处提高工作热情。满足员工的自尊心和自我实现需要的激励，作用最为显著，能够让员工充满斗志地投入到工作中去，此类因素为内在激励因素。内在激励因素能让员工从工作本身感受到满足，或者因为工作本身意义非凡、至高无上，能使员工产生成就感、荣誉感等；或者因为能在工作岗位上取得很大的成绩，达到自我价值的实现。内在激励所引发的工作热情要远远大于外在激励。所以在激励中，管理者通常把外在激励和内在激励相互结合，但内在激励占主导作用，这样就可以让激励发挥出最大的作用。

3. 正面激励和反面激励互相结合的原则

正面激励就是对员工做出的有利于公司效益的行为给予奖励，以加强其行为，让员工产生更大的内在动力；负面激励则是对员工做出的不利于公司效益的行为实行惩罚，以杜绝这种行为，并让员工认识到自己的错误而悔改，努力地向公司所期望的方向发展。由此可以看出正面激励与负面激励要互相结合才能取得预期的效果。通过正面激励和反面激励的相互作用，使好的行为得到发扬，坏的行为得到遏制，形成好的氛围，对整个公司和团体产生正面影响，使员工的行为更有主动性、更加朝气蓬勃。不可否认，惩罚能达到立竿见影的效果，是不可缺失的手段，但不良反应较大，极易导致挫折行为与挫折心理，如果不能恰当地处理，会直接导致管理者与员工、员工与员工之间产生不可调和的矛盾。因此在人员激励中，主要采用奖励方式，惩罚次之。其实奖励和惩罚都不是最终目的，管理者不能过分依赖奖励和惩罚，而是要实时总结，采用多种方法，激发员工的内在动力，达到全员努力奋进的良好局面。

4. 公正、公开的原则

激励员工的最重要的原则是公正。奖励和惩罚的制度是针对所有人，不管是管理者还是普通员工，都应严守制度。如果有所偏颇，对某些人只奖励不处罚，或者对另一些人只处罚不奖励，就会造成公司上下怨声载道的现象。赏罚分明就是公正严明、不畏权势、不讲情面。正如诸葛亮所说："不宜偏失，使内外异法也。"

管理者能否让人信服，通常表现在奖惩是否公正。管理者通观全局，以公司利益为重，是奖惩公正的有力保障。

公开意味着对任何奖惩行为都公开透明。为什么奖励、获奖的对象、获奖人做出的成绩或评选结果等情况，应秉承实事求是的原则向"职代会"传达，也可以用其他方法告知其他员工，如发邮件、张贴公告等。这样做既激励了其他员工向优秀员工学习，又发挥了监督作用。同样对于惩罚来说，更要说明原因，员工如有意见，要允许其申诉，以求公正严明，用事实说话。

5. 按需激励原则

满足员工的需要是激励的最基本原则，但员工的需要因人而异，因时而异。找到员工最迫切的需要，根据其需要采取激励，激励的力度才最大，效果才最好。所以，管理者在进行激励时，切不可直接按照规章制度，照抄照搬。须知，激励不是一成不变的，没有什么奖励是包治百病的灵丹妙药。管理者必须明察暗访，不断地了解员工的真正需求和需求的变化规律，进而采取灵活多变的激励方式，这样才能收到预期的效果。

赞扬是激励下属的最佳方式

赞扬是最有效、最简单的激励方式，然而管理者往往对员工惜字如金，很少张口表扬自己的员工。一些管理者虽然知道赞扬的好处，却不能很好地运用它，有时甚至弄巧成拙。如果管理者善于运用表扬来体现对下属的关心和爱护，就能使下属的心灵在很大程度上得到安慰。

1963 年玫琳凯在达拉斯创办了玫琳凯化妆品公司。由于她的坚韧品质、对工作兢兢业业的态度和大无畏的牺牲精神，公司逐渐从最初的小作坊迅速成长为全世界首屈一指的大公司，玫琳凯品牌也迅速走红。

取得如此大的成绩，与玫琳凯制定了全套的使用"赞扬"的措施并在公司大力推行是分不开的：公司推销化妆品的销售人员，只要卖出价值 100 美元的产品，公司就会奖励她一条精美的缎带。公司每年都会开展一次隆重的研讨会。有资格参加研讨会的当然是从众多销售人员中脱颖而出的销售精英，共达 2 万多人。"红夹克"代表了销售员的最高荣誉，会上，销售精英们就穿着红夹克在演讲台上尽情地发表演说。销售成绩最优秀者会得到一枚有特殊纪念价值的别针和昂贵的貂皮大衣。公司每年还会从各大部门中挑选出 100 名佼佼者，他们的名字都会被刊登在公司刊物《喝彩》上。有一位销售员，在两次展销会上都没有销售出任何产品，第三次展览会上也只销售出区区 25 美元的产品，她的上司不但没有责怪她，还赞扬她说："你已经卖出了 25 美元的产品，是多么了不起啊!"上司的赞扬和鼓励，使原本羞愧不已的销售员备受鼓舞，展销会结束后，她通过努力卖出了不少产品。上司也因为贯彻实施了玫琳凯的"赞扬"激励措施而得到了玫琳凯的赞赏。

玫琳凯在接受记者采访时说："赞扬是最好的激励方式，在管理者与员工沟通中应该多多运用。其实大家都想得到别人的认可。管理者留心观察就会发现，赞扬员工的时机随处可见。"

下面列举几个赞扬员工时应遵循的原则。

1. 赞扬员工要放低姿态

管理者赞扬员工的首要条件是放低姿态。从员工的角度来看，管理者是高不可攀的，与自己是对立的。如果管理者不能放下身段，谦虚待人，就会使自己与员工之间的距离越来越大，就不可能像朋友一样交流。在这种状态下，管理者的赞扬会显得很生硬、不走心，甚至会引起员工的反感。

2. 赞扬要公正

称赞员工其实也是对员工的一种奖励，同样需要做到公平公正、不偏不倚。如何公正地表扬员工，管理者可以参考下面几点。

第一，不能歧视有缺陷的员工。

第二，不能偏向自己喜欢的员工。

第三，要赏识能力超越自己的员工。

3. 赞扬要及时、真诚

赞扬会对员工的工作产生积极的促进作用。受到赞扬，员工便会更加肯定自己的行为。换句话说，赞扬能够对自我行为进行正反馈，但必须及时，超过了特定的时间，作用就会大打折扣。

员工非常希望得到管理者赞扬，因为赞扬能提升他们的自我价值，但前提是你的赞扬是发自肺腑的，是从内心深处认可和尊敬他们，是你认真观察得到的结果。只有实事求是的赞扬才能真正发挥出赞扬的价值。

4. 赞扬要公开

要在公开场合赞扬员工。比如管理者在其他员工面前表扬一位员工，或在员工的家人面前极力赞赏该员工。这些方法都是巧妙地满足了员工的情感需要，有效地激发了员工的内在动力。

在公开场合赞扬一位员工可以起到两个作用：第一，可以激励被赞扬的员工，让他感受到公司和领导对他的认可和赞赏；第二，能够激励其他员工向被赞扬员工学习，以取得同样的成绩。

5. 赞扬具体的事情

赞扬员工的具体行为和具体事情，要比空洞地赞扬他的能力更为有效。第一，被赞扬的员工能明白是因为何事使自己受到了赞扬，员工会把事情做得更好以期望得到管理者的再次赞扬。第二，不会让其他员工误以为管理者偏向某一员工。如果其他员工不知道这个员工被赞扬的具体事情，会觉得同样是辛苦地工作，凭什么别人被赞扬，而轮不到自己，于是产生埋怨。

6. 赞扬结果，而非过程

当一个项目结束，管理者可以赞扬这个项目的完成结果和完成过程中大家付出的努力。如果一个项目还在推进过程中，你只是对员工的工作方法或态度感到满意，就迫不及待地赞扬他，会无形中给员工施加了压力，结果可能事与愿违。

7. 赞扬特性，而非共性

赞扬一位员工，一定要注意赞扬这位员工区别于其他员工的优秀品质。如果管理者赞扬的是所有员工都具有的品质，这种赞扬不仅会让被赞扬的员工觉得尴尬，还会让其他员工产生不满情绪。

给员工制造一个意外惊喜

　　你有没有试过给员工送惊喜？这种惊喜的效果是非常明显的，因此激励作用也很明显。

　　小静是某公司的一名职员，她是个工作非常努力的姑娘。最近，小静和一些同事参与一个项目的开发。

　　由于是大家共同完成同一个项目，有的人就开始挑肥拣瘦了。对于那些又细碎又棘手的工作，有的员工就推给资历尚浅且无惧加班的小静。为此，小静每天都忙得像个陀螺，晚上也经常加班。

　　最后这个项目完成得很好，于是公司就给这个项目组发了一个团队奖。领完奖金后，小静在卫生间听到一个同事议论自己说："你说那个小静傻不傻，每天累死累活的，结果最后大家得到的奖金还不是一样多。"听到同事这样说，小静对自己产生了怀疑，她不知道自己这样辛苦究竟值不值得。

　　晚上下班后，小静的上司白经理说想邀请她一起去吃烤肉。到了餐厅，白经理拿出了一个盒子，里面是一部手机。白经理说："我知道你最近一直在攒钱，想换这款手机，我送你一部，奖励这段时间辛勤工作的你。我知道有的人会在工作中偷奸耍滑，但那样是走不长远的。我非常看好你，好好干！"

小静看着手机，一下子豁然开朗了，她想："果然付出就有回报，我的努力、我的工作成绩，领导都看在眼里了。"之后，小静又满怀激情地工作了。

现在有些企业采用"大家评奖，当众发奖"的方法来激励员工。这样做虽然说可以树立榜样，激发大家的上进心，但也有不足的地方。由于是大家评奖，很多人顾及面子的问题，干脆轮流得奖，既然奖金人人有份，大家也就不再为奖金而努力了。为了消除这种弊端，管理者不如向案例中的这位主管学习，在适当的时候，偷偷地给员工一个惊喜。这样默默付出的员工，就会得到意外的惊喜。

偷偷地给员工一个惊喜，是对员工工作表现的认可，让员工知道自己的努力没有白费，员工在惊喜之余，工作热情也得到了提升。而且，这种奖励方式也不会影响其他人，因为这种奖励方式是隐蔽的。即使你心血来潮给每个员工都偷偷地送了惊喜，员工也往往会认为只有自己受了这份嘉奖，于是大家在接下来的工作中都会很卖力，以期待得到更多的惊喜。因此这种做法是值得发扬的。

突如其来的一笔奖金，会让员工牢记在心、喜不自胜。任何一位员工取得了不小的成绩和进步，都可以送惊喜给他，也可以在员工生日或重要的节日里送出。

有经验的管理者对这种方法的运用可谓得心应手，奖励的理由也是五花八门，有奖励个性品质的：员工工作兢兢业业，认真履行岗位职责，喜欢创新，等等；也有奖励工作完成进度的：超预期完成业绩，产品无残次品，客户零投诉，等等。一次偶然的事情也可以实施奖励，例如，员工提出一个改进措施，由于维修工的细心避免了一次重大的事故，员工表现出把公司当成家的行为，等等。

日本桑得利公司的董事长信治郎就是一位善于送"惊喜"给员工的管理者。他激励员工的手段很是高明，在一些特别的时刻，他会以独特的方式发放奖金，以此来激励员工。种种独特的方式常常让员工感动不已，庆幸自己遇到了"伯乐"。

一名业务员取得了不错的销售业绩，信治郎想暗地里奖励他一笔奖金。年终时，他毫无征兆地把对方喊到了办公室，兴奋地对他说："恭喜你，由于你今年工作成绩优异，公司高层研究决定给你一个的奖励，这是给你的红包，请收下！"

该业务员感觉仿佛是从天而降的一个馅饼，异常兴奋，他谢过信治郎后刚准备走，信治郎突然说道："等一下，我咨询你一件事。今年你的出勤率怎么样，有抽出时间陪妻子吗？"该业务员如实地说："今年我在家的时间还不到十天。"信治郎惋惜之余，又拿出一个红包递给该业务员，对他说："请把它交给你的妻子，感谢她对你工作的支持和为家庭的付出。"接过这个红包之后，该业务员就不仅仅是兴奋了，而是为董事长的善解人意深深感动。

该业务员谢过信治郎之后，正要离开，信治郎又问："你孩子今年几岁了，你有抽出时间陪她吗？"提起女儿，该业务员深感亏欠地认真答道："我的孩子才 5 岁，我今年几乎没有陪过他。"信治郎又递过来一个红包，说："这是送给你孩子的，跟她说，她的爸爸很伟大。"

这一次，该业务员再也控制不住眼里的热泪，一再表示感恩和谢意之后，刚准备离开，信治郎又接着问："今年你有回家看你的父母吗？你是否让他们担心和牵挂？"该业务员低着头惭愧地说："一次也没回去，只是通了几次电话。"信治郎很有感触地说道："我应该与你一同去看望伯父伯母，当面答谢他们培养了一位如此出类拔萃的人才，并以公司的名义给他们送去一个红包。"

这名业务员此时已是声泪俱下，几度哽咽地对信治郎说："感谢公司对我的认可，今后我愿为公司赴汤蹈火。"正是信治郎这种高明的激励员工的行为，使得桑得利公司的员工倍受感动，并从心底里愿意为公司多做贡献。

信治郎激励员工的方式远不止于此。一次，一位员工不小心将一个错标了售价的产品邮寄给了客户，信治郎得知后，命令员工立即将邮件追回。这位员工立即前往邮局，幸好邮件还未寄出，员工就把邮件带了回来。看到邮件，信治郎如释重负，眉头舒展。出人意料的是，那位员工并没有受到信治郎的苛责和惩罚，反而得到了信治郎的感谢和礼物。

也许有的人会觉得信治郎的做法有些虚情假意，但其效果真的是立竿见影。员工都希望得到认同。时常关心一下员工，不时地给他们一个意想不到的惊喜，如果能做到雪中送炭，一定会激发他们内在的动力，让他们对工作更加积极努力。

何时送惊喜，送什么惊喜，都是可以调整的，月末、季末都可以送，数额可以多也可以少。通常来说，小节日里奖金数要小一些；季末、年末奖金数额可以大一些；一次偶然做出的成绩数额可以少一些；拥有良好的工作品质或给公司带来了高额利润，数额可以相对大一些。

不可否认，明奖也有其积极作用。明奖和暗奖各有特点，应合理利用，互相结合。通用的办法是：大的奖励用明奖，小的奖励用暗奖。像发明奖、创新奖等用明奖的方式。因为这些奖不是人人都能轻易得到的，而且发明奖、创新奖有据可查，也不会引起其他员工的嫉妒。月奖、季奖等可以用暗奖，可以调动每位员工的积极性。

第八章

高情商的管理者，往往是会讲故事的管理者

- ◆ 带领温室的花朵冲出逆境
- ◆ 高情商的管理者这样让员工勇担责任
- ◆ 工作态度比工作能力更重要
- ◆ 工作没有捷径可以走

带领温室的花朵冲出逆境

现在很多年轻员工，因为从小在父母的呵护下长大，所以没吃过什么苦，也没经历过什么挫折。

那些从小在家长、老师的赞扬中长大的好学生，自尊心特别强，一旦进入社会，稍微有一点儿不如意，或遭遇一次小挫折，就垂头丧气，临阵退缩。这样的员工，做事情缺乏耐心和勇气；如果不改变这种情况的话，会使他们很难有所作为，对于团队来说，也不利于团队的发展。

大学刚刚毕业的李涵，因为初来乍到，对职场生活很难适应。上周，他因为一句话惹怒了一个客户，被主管劈头盖脸地训斥了一顿。这还不止，主管还让他到客户家赔礼道歉，想办法挽回客户。可事情哪有这么容易，客户根本不接电话，几次上门又都吃了闭门羹。刚毕业的李涵脸皮薄，被人几番拒绝后就不想再去了，甚至有了辞职的想法。被眼前的困难折磨得快要崩溃的李涵，找到经理秦海洋大吐苦水，并提出自己打算辞职的想法。看着想当"逃兵"的年轻男孩儿，秦海洋讲述了下面这个故事：

　　三年前，一对姐妹来到上海打工，她们在一家酒店做服务员。领班是个对工作要求很严的人，而姐妹俩初来乍到，没有任何工作经验，什么都不懂，很多常识性问题都需要去请教。对此，领班非常生气，教的时候态度很不好，经常把她们骂得狗血淋头。妹妹受不了领班的颐指气使，便辞职不干了。

　　姐姐继续留在酒店打工。姐姐勤快、好学，在领班的严厉敦促下，她成长很快。渐渐地，她挨训的次数越来越少了。不久，由于酒店扩大经营规模，开了分店，领班向经理推荐姐姐，让她当了新店的领班。

　　妹妹自从离开酒店，换了好几份工作，但每一份工作都半途而废。比如有一份工作是卖衣服。有一次，店里来了一位非常挑剔的顾客，一直不停地试穿衣服，几乎将店里所有衣服都试完了，却一件也没买。妹妹非常恼怒，觉得自己这么一件一件地把衣服从衣架上拿下来，又一件一件地挂回去，但一件也没卖出去，像是被顾客捉弄了一样，于是出言不逊，最后遭到顾客投诉，被服装店的经理辞退。

　　之后，姐妹俩有一次相约见面时，姐姐看见妹妹很落魄，大冬天穿着不防寒的旧衣衫，很是心疼，就说："妹，你要改一改你的暴脾气，有时，受点儿委屈没什么的。就拿我来说吧，其实我很感激当年的那个领班。正是她的苛刻要求和责骂，使我下定决心，一定要把事情做好。"

听了经理讲的故事，李涵若有所思地低下了头，打消了辞职的念头，说要回去好好反省一下。相信，此后李涵的工作态度一定会发生改变。

心志不坚、态度散漫的员工，在团队发展如日中天时，就会蜂拥而至，一旦团队遇到危机或发展缓慢，他们就会惶惶不可终日，有人还会故意散布谣言，扰乱军心，使团队成为一盘散沙。从这个角度来说，不能在坚苦环境中迎难而上、团结奋进的员工，会给团队造成很大的负面影响，他们只能同甘，不能共苦。因为艰苦的环境，会让他们崩溃，使他们无所适从。

管理者要对这些心灵脆弱的员工循循善诱，激发他们的潜在动力，让他们敢于挑战，学会化险为夷，从而解决一切困难。

1. 运用适当的语言来引导

对于这些内心不够强大的员工，管理者最好不要用"你这样很危险""再这样下去，你的前途就完了"之类的恐吓性用语，因为这样只会让他们的心灵变得更脆弱。所以管理者应该变恐吓性的语言为激励性的语言，多给他们加油鼓气。

2．用场景设定法来引导

管理者可以设定一个场景，让他们觉得自己已经处在困难之中，然后带领他们冲出逆境。但要注意，设定的场景要难度适中。

比如，管理者交给他们一个具有挑战性的任务，等到他们遇到困难或没有达到预期的目标时，就"刺激"他们一下，让他们自己寻找出路。这样经历过一次挑战后，当困境再一次来临时，他们就有了底气和经验，不会因为畏难情绪而中途逃跑了。

要想保持团队的稳定性，就要有一支既有能力打胜仗，也能在打败仗之后东山再起的队伍。如果不能在逆境中成长，不能让后人发出"江东子弟多才俊，卷土重来未可知"的感慨，那就不能算是成功的队伍。

高情商的管理者这样让员工勇担责任

在职场中，管理者免不了遇到这样的员工：工作面临困难，或有紧急任务需要处理时，这类员工往往临阵退缩，把"包袱"推给别人。

管理者在面对此类员工时，习惯采取比较偏激的方法来处理，如大声呵斥，甚至辱骂员工，摆出一副恨铁不成钢的样子，而且经常拿劝退、降职、罚钱等措施胁迫员工，让员工不得不站出来担责。这种方法往往收效甚微，有时还会使管理者与员工之间产生嫌隙。

姜云升在一家公司做销售经理。一天，公司总部打来电话，说他的一位下属服务态度恶劣，对一个客户出言不逊，现在被客户投诉到了总部。由于客户向公司讨要一个说法，公司让姜云升立刻调查清楚是哪个员工所为，尽快解决这个问题，避免事情难以收场。

姜云升立刻将团队中所有的成员召集过来，看着这些年轻的面孔，他没有疾言厉色、暴跳如雷，而是缓缓地讲了一个故事。

一天，一位货车司机接到领导委派的一项任务，将满满一车货物拉到附近的存货点。由于事情紧急，他车子开得很快。在一个拐弯处，由于没来得及急刹车，他的车刮坏了停在路边的一辆黑色轿车。严格来说，是轿车违反了交通规则，这里是禁止停车的，货车司机完全可以不用理会，而且也没人看见。但考虑到毕竟是因为自己车速快，从而给他人造成损失，于是，货车司机还是留下一张纸条，在纸条上写明事情的前因后果，并留下自己的电话号码。

一个星期后，货车司机突然接到那位轿车车主的电话。车主很客气地对货车司机说："兄弟，我很欣赏你。其实，那天我开车开到一半的时候，肚子疼痛难忍，就停车去了趟卫生间。回来发现车被刮坏了，顿时火冒三丈。但看到你留下的纸条，我立刻就气消了。我已经把车修好了，你放心。"

后来，货车司机才知道，这位车主是一家著名公司的董事长。过了不久，那家公司的业务扩展到物流领域，需要货车司机，这位董事长就想到了他，并亲自打来电话邀请他。

故事讲完了，团队成员都被这个故事深深地吸引住了，但又都摸不着头脑，不知道经理为什么要讲这么一则故事。这时，姜云升调转话题，说道："人非圣贤，孰能无过，只要认识到自己的错误，勇于改正，就算双方站在对立面，也可能化干戈为玉帛，你们说是不是？比如故事中的货车司机。"成员们恍然大悟，明白他的意思了。

接着，他将投诉的事告诉了大家，并安慰大家不要担心，要勇敢地承担责任，只要承认了，给对方道个歉，他也会站出来向公司说情。

大家沉默一会儿，突然一个男孩儿站了出来，说自己就是那个被投诉的人。他说自己之所以和客户起争执，是因为那个顾客先骂了他，而且骂得很难听，自己气不过，就回了几句嘴。不过，男孩儿说自己是情绪激动了一些，但绝对没有骂顾客，只是跟对方理论。最后，在姜云升的鼓励下，男孩儿跟客户道了歉。

客户见他的态度好，也就原谅了他，没有再继续闹下去。公司处罚了男孩儿，但给了他一次改过自新的机会。由于姜云升对事情能灵活处理，团队的成员对他更加佩服了。

给予启发，循循善诱，激励员工勇于承担责任，但也要给他们重新来过的机会。

管理者不能总采取强硬措施，而要刚柔相济。比如，可以像事例中的姜云升那样，对员工采用柔和的方式，主动帮他们分析事情的严重性，鼓励他们站出来承认错误，承担责任。

当员工担责时，管理者应该成为员工坚强的后盾，支持他们。当然，承担责任就意味着要做更多的事，花更多的时间。因此，高压威逼员工是不可行的，反倒是鼓励的方法，更得人心，可以让员工勇担责任。

工作态度比工作能力更重要

与工作能力相比，工作态度更重要。能力不够可以慢慢提升，但态度不好，就是不负责任的表现。

马宏宇在一家销售公司做部门经理，一天，家中临时有事情，就离开了半天，下午四点才回到公司。刚回到公司，就看见一位员工正在热火朝天地打着游戏。

这位员工刚来公司不久，试用期表现特别优秀，每天都是第一个来，最后一个走，马宏宇对他印象很好。令人诧异的是，转正之后，这位员工对待工作的态度急转直下。为此，马宏宇还曾把他叫到办公室，仔细地询问了一番，得到的理由是："刚进入新环境，还没适应过来"。但从目前的情况来看，这位新人明显是工作态度有问题。马宏宇当即叫来这位新人，跟他聊了很久。还向对方讲述了一则故事。

甘铁生和马继祖进入同一家公司做实习生，试用期一个月，但只有一个转正名额。

实习中两人工作都很积极，把全部心思都放在了工作上，有时恨不得把吃饭、睡觉的时间都拿来工作。一个月的试用期接近尾声，两人都很自信，都觉得自己是那个可以转正的人。就在实习结束的最后一天的晚上，两人同时来上夜班，经理把他们叫到办公室，说："很遗憾，你们都没有达到公司转正的要求，公司决定不再任用你们。夜班结束后，你们就各自回家吧，明天不用来了。"随后，给他们结算了试用期的工资。

两人愣住了。过了很久，甘铁生说："把这个夜班上完吧。"

马继祖说："还上夜班干什么？我们的工资都结了！"

甘铁生说："可如果我们就这样离开了，明天接手的员工会非常麻烦。"

马继祖说："你乐意去干就自己去吧，我回家去了。"

马继祖离开了之后，甘铁生还是决定上完最后一个夜班。他想，公司付了自己一个月的工资，虽然明天就要离开了，但那是明天的事，今天还是要站好最后一班岗。于是，他像往常一样去上夜班了，依旧工作得勤勤恳恳，认认真真。

一夜很快过去了，该做的工作也做好了，当他交接完工作，准备离开时，经理快步来到他身边，说道："恭喜你，甘铁生，你通过了公司的最后一项考核，成了公司的一名新成员，请你明天到人事部去办理入职手续。"

看到甘铁生很惊讶的样子，经理连忙说："你和马继组都很优秀，公司一时间不能决定留下你们中的哪一位，所以就想出这个办法，想考验你们一下。很明显，跟马继祖相比，你对待工作的态度更让公司欣赏。"

员工做事情不是做给别人看的。这种在试用期内任劳任怨，过了试用期就懒散起来的做法，不仅对公司不利，也会害了自己。无论做什么行业，也无论在这个公司干了多长时间，只要你在岗位上，就应该一如既往地认真对待工作。员工应该把每一天都当作新的开始，要有"归零"的心态。一个人工作时间久了，觉得自己取得了一点儿成绩，就容易骄傲自满，从而对工作消极怠慢；或者屡遭挫折，消沉、推脱的负面情绪就会不断积累。通过每天的"归零"，我们可以把每天都当成新的开始。这对于员工来说，有益无害。在任何时候，对工作都要全力以赴，这样才能快速提升，也才能在职场中游刃有余。作为管理者，我们应让员工端正工作态度，认识到工作态度的重要性。

其实在生活中做任何事情都应该善始善终，不能虎头蛇尾，只有这样才能走向成功。作为管理者，我们不能任由员工消极怠工，因为这既是为公司的前程着想，也是为员工负责。

工作没有捷径可走

　　我们经常在网上看到有人问"怎么才能快速成功？""成功有什么捷径？"等问题。似乎时代不同了，成功就不再需要脚踏实地了。

　　生活和工作中真的有捷径吗？我想是没有的。无论是想获得事业的成功还是家庭的和谐，都需要一步一个脚印地去经营，"捷径"是不存在的。对于那些想走"捷径"的员工，管理者要正确地引导他们，让他们树立正确的工作理念，端正工作态度。

　　一家公司新招进来一名大学毕业生。这个小伙子为人聪明机灵，讲话大方得体，很快就和大家打成一片。但很快，他暴露出一个缺点：想走捷径，总想着巴结领导和资深员工，不把心思放在工作上。为此，经理张超将他叫到身边，给他讲述了下面这则故事。

　　一天早上，一位员工匆匆忙忙地赶去上班，因为今天有一场很重要的会议，他要在会议上发表演讲，而演讲的好坏直接关系到他能否升职。

可是由于太过紧张，他昨晚忘了定闹钟，早晨没能按时起床。最令人头疼的是，现在离会议开始仅剩十几分钟了，这位员工心急如焚。

他上了一辆出租车后，就焦急地催促司机说："司机师傅，我有很重要的会议，麻烦你走最短的路，谢谢了。"

司机立马问道："先生，您是想走距离最短的路，还是想走用时最少的路？"

这位员工惊讶了，好奇地问："难道最短的路不是用时最少的路吗？"

"当然不是。"司机满脸自信地答道，"这个时间段大家都在赶时间上班，最短的路人多，必然会堵车。你要是想快点儿到达目的地的话便得绕道走。绕道走虽然路程远一点儿，但用时会更少一些。"

听了司机的建议，员工决定走"最快"的路。途中，他看见另一条路上的车辆越来越多，一辆接一辆，很快道路就被堵死了，鸣笛声格外刺耳，而那正是他口中最短的路。司机说得没错，自己走的这条路，虽然距离远了些，但一路上畅通无阻，到达的时间也就最快了。

故事讲完后，经理意味深长地对小伙子说："你聪明过人，但用错了地方，如果你能把精力用到工作上，肯定会前途无量。你可以想一下，就算我现在给你升职，领导的工作你能胜任吗？你能让那些老员工服从你的领导吗？"小伙子恍然大悟，低头道："肯定不能，我知道，那些老员工虽然表面上对我客客气气，但他们其实看不起我；再者，我对工作上的很多事情还摸不着头脑。"经理笑着说："就是啊，你现在邀买人心，是不能使别人信服你的。你就好比是故事里那位想走最短路程的员工，看似是在走一条最短的路，实际上却是走了最慢的那一条。你与其现在攀附那些领导、精英，还不如认真工作，把能力和业绩提上去。"小伙子听后，心想："是啊，我之所以去巴结那些领导、精英，不就是想获得人脉吗？可现在自己要业绩没业绩，要实力没实力，人家根本不想跟自己交朋友。如果我先从提高自己的能力开始，使自己变得优秀起来，到时候不用我去费心经营，优秀的人自然会被吸引过来，这才是真正的捷径。"就这样，经理张超打消了下属走"捷径"的念头。

所有的投机钻营，说到底，不过是掩耳盗铃，不仅阻碍个人的发展，而且会蒙蔽人的双眼，让人看不清脚下的路，找不准人生的方向。工作中，唯一的"捷径"就是好好工作，踏踏实实做事，认认真真做人，唯有如此，才能走向成功。

"不积跬步，无以至千里；不积小流，无以成江海。"世上没有一件事是可以一蹴而就的，成功需要日积月累。作为管理者，我们不但要自己对此心知肚明，还要引导员工明白这样的道理：团队需要的是有真才实学的人。那些一心想着走"捷径"的人，必定不会把心思放在工作上，这样如何能提升工作能力？所以，所有对走"捷径"趋之若鹜的人，不过是竹篮打水——一场空罢了。